Barnikel · Marktwirtschaft

Heidelberger Wegweiser

D&M

Hans-Heinrich Barnikel

Marktwirtschaft

Kartelle, Konzentration, Kontrolle

Decker & Müller
Heidelberg

Bildnachweis: S. 62, Globus Kartendienst; S. 60/67/127, Bensch; S. 23, Vandenhoeck & Ruprecht; S. 149/150/151, Gruner + Jahr; S. 152, Bank-Verlag; S. 25/37, dpa.

CIP-Titelaufnahme der Deutschen Bibliothek

Barnikel, Hans-Heinrich:
Marktwirtschaft: Kartelle, Konzentration, Kontrolle/ Hans-Heinrich Barnikel. - Heidelberg: v. Decker u. Müller, 1989.
(Heidelberger Wegweiser)
ISBN 3-8226-4288-6

Gestaltung und Herstellung: Richard Mader
Satz: Layout-Satz B. Knecht GmbH, Ockenheim
Druck: Druckhaus Beltz, Hemsbach

ISSN 0931-0959
ISBN 3-8226-4288-6

Vorwort

Das langjährige Tauziehen um die richtige Wirtschaftsordnung und Wirtschaftsverfassung nach 1945 ist durch die Entscheidung für das Konzept der Sozialen Marktwirtschaft beendet worden. Allerdings hat es bis 1957 gedauert, bis der Gesetzgeber das Gesetz gegen Wettbewerbsbeschränkungen verabschiedet hat. Es trat am 1. Januar 1958 in Kraft. Was diese Entscheidung bedeutet, was sie an rechtlicher und politischer Absicherung erfordert und wie sie weiterentwickelt werden kann, das soll in diesem Band dargestellt werden.

Wenn wir mit diesem Band auch fragen, ob denn Marktwirtschaft im Zeitalter hochentwickelter, moderner Industriestaaten überhaupt funktionieren kann, dann ist zweierlei dazu ins Bewußtsein zu rücken. Die Erörterung der Grundzüge der Wettbewerbspolitik und insbesondere des Kartellgesetzes betrifft ohne Zweifel ein Kernstück der Sozialen Marktwirtschaft. Das Gesetz ist jedoch nur Teil, wesentlicher Teil, aber nicht das Ganze dieser ordnungspolitischen Konzeption. Zum Gesamtkonzept gehören das gesamte Arbeits- und Wirtschaftsrecht, das vielfältige Instrumentarium der Geld- und Konjunkturpolitik, die Sozialpolitik im weitesten Sinne genauso wie die Industrie- und Handelspolitik. Institutionen, die bestimmte Wirtschaftsbereiche beaufsichtigen, z. B. die Bundesaufsichtsämter für das Kreditwesen und für die Versicherungswirtschaft, müssen in das Gesamtbild einbezogen werden, obwohl sie und ihre Aufgaben nicht in diesem Band dargestellt werden können. Eine Reihe von Wirtschaftsordnungsgesetzen, das Gesetz gegen den unlauteren Wettbewerb, Verbraucherschutz in seiner vielfältigen Ausformung sind ebenfalls wichtiger Bestandteil der Wettbewerbs- und Sozialordnung der Bundesrepublik Deutschland. Etliche dieser Themen sind bereits in den Heidelberger Wegweisern behandelt worden. Alle diese Regelungen und Einrichtungen zusammen bilden unsere konkrete Wirtschaftsordnung. Ihr Herzstück ist das Gesetz gegen Wettbewerbsbeschränkungen.

Trotzdem bleibt die Frage, ob Marktwirtschaft funktionieren kann. Nein zu antworten ist leicht. Die Antwort auf die Gegenfrage, welche Wirtschaftsordnung denn funktioniere, muß, wenn man mit gleichen Kriterien mißt, ebenfalls lauten: keine. Zwischen Idee und Realität klafft immer ein Abstand, es fragt sich nur, welches Konzept mehr von den Bürgern gewollt wird und wo die Kluft zwischen Anspruch und Wirklichkeit geringer ist. Ich meine, daß die ehrlich erarbeitete Antwort auf diese Fragen zugunsten des marktwirtschaftlichen Konzepts ausfällt, zumal es in einer freiheitlichen Gesellschaftsordnung immer auch auf dem Prüfstand steht und Verbesserungen durch Entscheidungen des Gesetzgebers möglich sind.

Berlin, im Mai 1989 *Hans-Heinrich Barnikel*

Inhalt

1 Wettbewerb und Marktwirtschaft

1.1 Rivalität und Kooperation, zwei vitale Phänomene

Konkurrenzbeziehungen finden sich im gesamten organischen Leben, im Pflanzenreich, bei Mensch und Tier. Konkurrenzbeziehungen sind von existentieller Bedeutung, sie müssen im Bereich des menschlichen Zusammenlebens geordnet, können nur verstärkt oder abgeschwächt, nie aber ganz beseitigt werden.

Schon vor einer Million Jahren?

Rivalität und Kooperation gehören zur menschlichen Natur. Solange es Wettbewerb gibt, gibt es auch Wettbewerbsbeschränkungen. Sicher haben bereits die ersten Gruppen von Sammlern und Jägern ihre Bereiche gegeneinander abgegrenzt. Es fällt auch nicht schwer, sich vorzustellen, daß schon in der Steinzeit spezialisierte Steinhandwerker, die über den eigenen Bedarf hinaus Handwerksgeräte und Schmuck hergestellt haben, sich rivalisierend und auch wettbewerbbeschränkend verhielten. Bei den ältesten Handelsnationen wurden durch die Herrscher selbst (hauptsächlich bei den Phöniziern, Arabern und Juden) oder durch private Vereinbarungen (so bei den Ägyptern und Babyloniern) die Herstellung und der Handel mit bestimmten Waren (Purpurfarben, Edelmetalle, Balsamöle, Datteln, Wolle und Stoffe) monopolisiert. In China und Indien gab es bereits vor der christlichen Zeitrechnung Strafgesetze gegen diejenigen, welche sich zusammenschlossen, um Waren vom Markt fernzuhalten. Gesetze gegen Monopolmißbrauch (überwiegend gegen Wucher und gegen Wucherpreise) und damit auch gegen den Mißbrauch von Kartellmacht gab es im alten Rom. Im westeuropäischen Wirtschaftsleben waren Kartelle im sechzehnten

Frühe Gesetze

Jahrhundert eine häufige Erscheinung. Doch schon viel früher hatten sich weltliche und geistliche Herren mit Wettbewerbsbeschränkungen zu beschäftigen. Zünfte übten häufig den sogenannten Vorkauf: sie kauften die an Markttagen von auswärts herangebrachte Ware vor Erreichen des Marktes, um dadurch ein Unterbieten der ansässigen Händler durch auswärtige zu unterbinden. Auch Nachfragemacht tritt schon im Mittelalter in Form von kartellartigen Vereinbarungen in Erscheinung. Erzkäufer bildeten Einkaufsgruppen zur Erlangung besonders niedriger Preise. Hansische Kartelle bekämpften die russische Konkurrenz. Kaufleute in Flandern und Holland, Geschäftspartner der Hanse, versuchten, ihre wirtschaftliche Situation durch Kartellvereinbarungen zu verbessern.

Das mittelalterliche Alaunkartell

Zu allen Zeiten wurden Kartellverträge unter maßgeblicher Beteiligung oder mit Billigung der öffentlichen Hand abgeschlossen. Auf dem Alaunmarkt z. B. hatte das Vordringen der Türken (1453 Eroberung von Konstantinopel) die Lage total verändert. Sie beherrschten die besten Alaungruben der Welt. Um die Konkurrenz der Türken auszuschalten, schlossen Beauftragte des Papstes und des Königs von Neapel das historisch bekannte Alaunkartell. Kommissare der Vertragsparteien kontrollierten in den Alaungruben und Magazinen, wieviel Alaun gewonnen und wohin es verschifft wurde. Alle Verkäufe erfolgten durch einen päpstlichen und königlichen Abgeordneten. Die Preise wurden gemeinsam festgesetzt, die Erlöse halbiert. Schloß einer der Beauftragten ungehörigerweise billiger ab, so war dem anderen Vertragsbeteiligten der Gewinnausfall zu ersetzen. Auch die Konditionen waren festgelegt: Verkauf nur gegen Geld; Laufzeit der Kredite höchstens ein Jahr. Der Papst verpflichtete sich, das Verbot des Handels mit türkischer Ware der Christenheit alljährlich einzuschärfen. Schiffe mit türkischem Alaun durften gekapert werden.

... und viele andere

Kaiser Karl V. hatte öfter Anlaß, von den Fuggern, den Welsern und von anderen Handelshäusern, denen er verpflichtet war, Verfahren wegen Errichtung eines Monopols abzuwenden. Nach damaligem Sprachgebrauch war unter Monopol auch die Kartellierung zu verstehen. Monopolbildung wurde heftig bekämpft und auf den Reichs- und Landtagen des sechzehnten Jahrhunderts mit hohen Strafen bedroht. Trotz Androhung harter Strafen gab es im sechzehnten Jahrhundert eine Vielzahl von Kartellen, z. B. für Wolle, Erz und Salz. Ein Augsburger Kaufmann schuf das große Pfeffermonopol. Er übernahm vom portugiesischen König einen Gesamtkontrakt und sicherte ihn mit Hilfe von Gebietsschutzverträgen mit portugiesischen, italienischen, thüringischen Kaufleuten und Handelsgesellschaften. Auch in dem noch nicht industrialisierten alten Deutschland Ende des 18. und zu Beginn des 19. Jahrhunderts bildeten sich Kartelle. Aber erst mit zunehmender Industrialisierung und ganz besonders in den sogenannten Gründerjahren entsteht, was zu Recht als Kartellbewegung bezeichnet wird.

1.2 Kartelle im Deutschen Reich

Die Kartellbewegung

Ende des vergangenen Jahrhunderts hatte sich in Deutschland bis zum Ende des 2. Weltkriegs eine umfassende Kartellbewegung ausgebreitet. Deutschland war das Land der Kartelle geworden. Trotz rechtlich vermeintlich gesicherter Gewerbefreiheit, einer nach jahrzehntelangen harten Kämpfen bedeutenden rechtspolitischen Errungenschaft des 19. Jahrhunderts, hatte sich eine umfassende Kartellbewegung entwickeln können, weil die Rechtsprechung des Reichsgerichts Ende der 90er Jahre des vergangenen Jahrhunderts diese Schranken für Kartellgründungen beseitigt hatte. Es ist dies ein beredtes Beispiel dafür, was Richterrecht ohne ausreichende wirtschaftstheoretische und ordnungspolitische Grundvorstellung anrichten kann.

In Zahlen ausgedrückt bedeutet diese Entwicklung zur Kartellbewegung, daß die Industriekartelle von weniger als einhundert zu Beginn der 90er Jahre auf 385 im Jahre 1905 (= Ergebnis einer amtlichen Enquête), auf über 2100 im Jahre 1930 gestiegen waren. Dabei enthält die amtliche Übersicht zahlreiche Vereinbarungen nicht, die sich auf Lieferungsbedingungen, Kreditgewährung, Rabatte, Baisseklauseln und Bonifikationen beziehen, also auf wichtige Einzelheiten für die geschäftliche Abwicklung, die wir heute als Konditionen, und deren Vereinheitlichung durch Absprache von Wettbewerbern wir als Konditionenkartell bezeichnen. Die Kartelle im Bereich der Banken, Versichungen und freien Berufe sind ebenfalls nicht systematisch ermittelt worden. Dies alles zeigt nur die beschränkte Gültigkeit quantitativer Aussagen über das Kartellwesen in Deutschland.

Freie Berufe

Ehrlicherweise darf auch nicht verschwiegen werden, daß bei Ärzten, Zahnärzten und Rechtsanwälten der Staat frühzeitig durch Zulassungsbeschränkung, Duldung oder Erlaß von Gebührenverordnungen und Schaffung von Zwangsverbänden beträchtliche Einschränkungen der Konkurrenz für notwendig gehalten hat. Daneben gab es für andere freie Berufe, z. B. Architekten, Steuerprüfer, Bühnenschriftsteller und Komponisten Verbände, die neben anderen Verbandszwecken auch Kartellzwecke verfolgten.

Weltweite Verbreitung

Die Kartellbewegung blieb etwa bis zum Ersten Weltkrieg eine spezifisch deutsche und österreichische Angelegenheit, breitete sich danach auch in anderen Ländern aus, ohne jedoch die deutschen Ausmaße zu erreichen. Parallel zur Entwicklung der nationalen Kartelle und zur Entwicklung des Welthandels entstanden weit über die nationalen Märkte hinausreichende internationale Kartelle. Internationale wettbewerbbeschränkende Vereinbarungen statistisch und systematisch zu erfassen, ist nicht möglich. Wer im Exportgeschäft oder sonstwie im internationalen Handel tätig ist oder wer sich mit solchen Fragen etwas eingehender beschäftigt, wird wissen, daß es eine umfangreiche internationale Kartellierung gibt. Aus begreiflichen Gründen breitet sich über dieses Feld der wirtschaftlichen Betätigung der Schleier des Nebels oder sogar ägyptische Finsternis.

Veränderung der Märkte ...

Die Feststellung, daß durch Kartellbildung ein Markt einen höheren Konzentrationsgrad erreicht oder daß der Wettbewerb auf einem Markt verringert wird, ist richtig, aber zu wenig anschaulich. Sie sagt vor allem nicht genügend aus über die qualitativen Veränderungen auf den Märkten. Industriekartelle schufen regelmäßig Gemeinschaftsunternehmen (Syndikate) für den Verkauf ihrer Erzeugnisse. Das führte zur Bevormundung des Handels. Ohne gemeinsame Verkaufsstelle der Kartellunternehmen besaß der Großhandel völlige Freiheit in seiner Geschäftsführung. Er kaufte, wo er wollte. Niemand zwang ihm besondere Lieferwerke oder Bezugstage auf; Weiterverkaufspreise wurden ihm nicht vorgeschrieben. Seine Kosten- und Wettbewerbslage war für seine Kalkulation allein entscheidend. Das alles änderte sich mit dem Auftreten der Verkaufssyndikate. Die Preisregelung war ihr zentrales absatzpolitisches Instrument, das sie durch Regulierung der Verkaufspreise des Handels noch zusätzlich sicherten. Ergänzende Maßnahmen, wie Gebietskontingentierung, Vorbehalt der Eigenlieferung an bestimmte Abnehmer, bei Kohle z. B. an Eisen- und Stahlwerke, Eisenbahnen, Elektrizitätswerke etc. oder ganz allgemein an interessante Großverbraucher, Verbot des Vertriebs anderer als Syndikatsware und schließlich die Errichtung eigener Verkaufsstellen führten zur weitgehenden Ausschaltung des Handels und zu seiner Degradierung zur bloßen Verteilerstelle. Damit er seinen Verpflichtungen gegenüber dem Kartell nachkam, wurden von ihm häufig beträchtliche Kautionen verlangt. Die Syndikate dagegen wußten sich gegen alle denkbaren Fälle von Lieferunmöglichkeit zu schützen, so daß hieraus entstandener Schaden die Händler allein traf. Schon frühzeitig haben deshalb Gruppen von Großhändlern begonnen, sich in Händlervereinigungen zu organisieren, die ihrerseits mit ihren Kunden, dem örtlichen Einzelhandel, Verträge über die ausschließliche Belieferung abschlossen. In zunehmendem Maße bildeten sich also Einkaufsgesellschaften zur Abwehr der Macht der Angebotskartelle. So pflanzte sich diese Form der Konzentration von der Angebotsseite der Märkte auf die Nachfrage und schließlich weiter auf vor- und nachgelagerte Märkte fort, bis unzählige wettbewerbbeschränkende Verträge Spinnwebnetzen vergleichbar die gesamte Wirtschaft überzogen.

... Reaktion durch Gegenmacht

Für die Beteiligten hatte die Kartellmitgliedschaft beträchtliche Vorteile, z. B. bessere Preise im Verkauf, höhere Nachlässe und günstigere Konditionen durch zentralen Einkauf, Verwertung von Nebenprodukten in kartelleigenen Fabriken und Anlagen, Aufbau gemeinsamer Vertriebseinrichtungen im In- und Ausland und zentrale Lagerhaltung. Trotz solcher Vorteile kam es immer wieder zwischen Mitgliedern untereinander wie auch zwischen Mitgliedern und der Kartellgeschäftsführung zu Konflikten, die häufig zum Bruch der Koalition führten. Um dem möglichst vorzubeugen, trafen die Kartelle mit rechtlichen und wirtschaftichen Mitteln Vorkehrungen, den Zusammenhalt zu festigen.

Kartellzwang

Die Mittel und Methoden, die ihnen hierfür zur Verfügung standen, werden zusammengefaßt unter dem Begriff des internen Kartellzwangs. Die wichtigsten sind: harte vertragliche Kartellverpflichtungen, verbunden mit langen Kündigungsfristen, Genehmigungsvorbehalt des Kartells für die Errichtung neuer Werke, kartelleigene Strafgewalt, bei der grundsätzlich der ordentliche Rechtsweg ausgeschlossen war, ausgeklügelte bürokratische und statistische Kontrollen sowie Hinterlegung von hohen Kautionen oder Wechseln, die im Falle einer Vertragsverletzung eingezogen wurden. Nicht selten wurden in solchen Fällen Unternehmen zahlungsunfähig. Je höher die Kautionen, desto wirksamer war der Kartellzusammenhalt gesichert. Die Errichtung einer gemeinsamen Verkaufsstelle mit Andienungszwang und Absatzquoten ermöglichte ebenfalls wirksame Kontrollen und machte zum Teil andere Kontrollmaßnahmen überflüssig.

Gegen Außenseiter

Gegen Außenseiterkonkurrenz sicherten sich Kartelle ebenfalls durch eine Vielzahl von Maßnahmen. Kartellmitgliedern war es verboten, Betriebe an Außenseiter zu verkaufen und sich an Unternehmen zu beteiligen, die nicht dem Kartell angehörten.

Eine besonders wirksame, direkte Methode gegen Außenseiter war die Materialsperre, also eine Form des Boykotts. Man begegnete ihr als direkte Lieferverweigerung und als Vereinbarung mit anderen Verbänden. Was Kartelle zusammengefaßter Produktionsstufen durch Sperren selbst bewirken konnten, wurde zwischen Kartellen auf verschiedenen Produktionsstufen durch Vereinbarungen erreicht. Das Kartell auf der vorgelagerten Stufe verpflichtete sich, an Unternehmen, die für seine kartellierten Abnehmer Außenseiter waren, nicht zu liefern. Das Kartell auf der nachgelagerten Stufe verpflichtet sich, von Unternehmen, die gegen seine kartellierten Lieferanten als Außenseiter auftraten, nicht zu beziehen. Diese gegenseitigen Verpflichtungen von Kartellen (=Verbänden, nach alter, verharmlosender Terminologie) nannte man den ausschließlichen Verbandsverkehr.

Will man Außenseiter, aus welchen Gründen auch immer, nicht so offen boykottieren, so kann man dadurch, daß man sie zu ungünstigeren Preisen beliefert oder, was auf dasselbe hinausläuft, daß man den Mitgliedern der eigenen Organisation Vorzugsrabatte einräumt, eine ähnliche Wirkung wie mit der Materialsperre erzielen. Die Bindung der Abnehmer durch Ausschließlichkeitsklauseln mit dem Verbot, die Ware anderer Lieferanten zu beziehen, und die planmäßige und gezielte Unterbietung ergänzten das Arsenal der Kampfmittel und erhöhten die Wirkung des externen Kartellzwangs.

1.3 Die Bedeutung des Wettbewerbs im Konzept der Sozialen Marktwirtschaft

Anfänge in der Theorie

Schon sehr frühzeitig wurde erkannt, daß man diese Entwicklung nicht sich selbst überlassen darf. Die gewünschte Ordnung der Wirtschaft stellt sich nicht von selbst her. Aber welche Ordnung sollte man wünschen? Von wirtschafts- und rechtspolitisch engagierten Theoretikern, im alten Reichstag, auf wissenschaftlichen Tagungen, z. B. dem Juristentag und auf Tagungen des Vereins für Socialpolitik wurde immer wieder und schon zu Beginn des Jahrhunderts gefordert, die Tatsachen und Entwicklungen zu untersuchen und Kartelle und Monopole einer mehr oder weniger weitgehenden Mißbrauchsaufsicht zu unterwerfen. Nur langsam verstärkte sich die Überzeugung, daß das Kartellwesen auch in der ökonomischen Fachliteratur pauschal zu positiv beurteilt wurde. Aber erst 1923 wurden gesetzliche Vorschriften erlassen, um, wie es in der amtlichen Begründung heißt, eine Handhabe zu besitzen, die schädlichen Auswüchse des Kartellwesens mit aller Schärfe zu bekämpfen, allerdings ohne die Kartelle zu verbieten oder aufzulösen.

Die zunehmende Erfahrung mit Monopolen und Kartellen und ihrer Kontrolle verlieh der Entwicklung der ökonomischen Theorie starke Impulse. Die Wirtschaftspolitik gewann detaillierte Kenntnisse über die Organisationsformen und über das Verhalten der Kartelle. Juristische Fragen einschließlich der nach dem Verhältnis des Staates zu den Wirtschaftsorganisationen wurden intensiv diskutiert.

Die ökonomische Theorie befaßte sich eingehend in recht abstrakter Weise mit den beiden extremen Positionen des vollständigen Wettbewerbs und des Monopols. Alle zwischen diesen beiden Extremen liegenden Wettbewerbsformen wurden zunächst vernachlässigt, traten aber unter der Überschrift »monopolistische Konkurrenz« und »unvollständiger Wettbewerb« nach und nach stärker ins Blickfeld der Untersuchung.

Schon vor 1945

Mit zunehmender Entwicklung der Lehre von der unvollkommenen Konkurrenz wurde die theoretische Grundlage dafür gelegt, daß in der angewandten ökonomischen Theorie, der Lehre von der Wirtschaftspolitik, immer klarer die Sicherung der Wettbewerbsordnung als wirtschaftspolitische Aufgabe erkannt und Lösungsmöglichkeiten erarbeitet wurden. Schon vor 1945 trat in ihren theoretischen Ansätzen jene wirtschaftspolitische Richtung in Erscheinung, die für die deutsche Wirtschaft nach dem letzten Kriege und für die zweite Hälfte des 20. Jahrhunderts entscheidend werden sollte und für die die Bezeichnung neoliberal geprägt worden ist. Die zentralgeleitete Wirtschaft wird abgelehnt, statt dessen die freie Marktwirtschaft gefordert und für deren Entfaltung ein ordnungspolitisches Konzept zur Sicherung des Wettbewerbs entwickelt.

Warum bricht New Yorks Versorgung nicht zusammen?

Die drei Grundfragen jeder Wirtschaftsordnung lauten: Für wen wird was und wie produziert? Zum Verständnis dieser Grundfragen verwenden wir ein eindringliches Beispiel aus dem Lehrbuch über Allgemeine Volkswirtschaftslehre des amerikanischen Professors Paul A. Samuelson von der Technischen

Universität von Massachussetts (MIT): New York ist einschließlich seiner wirtschaftlich dazugehörenden Außenbezirke eine Ansammlung von etwa 17 Mio Menschen. Ohne ständigen Zu- und Abfluß von Gütern würde die Stadt in kürzester Zeit verhungern. Aus dem nahen Hinterland, aus allen Staaten der USA, aus Übersee und ganz entlegenen Gegenden der Welt sind tage-, wochen- und monatelang Waren unterwegs, bis sie ihren Bestimmungsort New York erreichen. Wie ist es möglich, daß Millionen Menschen nachts ruhig schlafen können, ohne befürchten zu müssen, daß eines Tages alles zusammenbricht, wovon die Existenz dieser Stadt abhängt? Die überaus komplizierte Versorgung geschieht ohne bewußte Lenkung durch irgendeine zentrale Behörde! Der Staat tut sehr viel, um das Wirtschaftsleben zu ordnen. Er schafft Steuern, Zölle, Ausgleichsabgaben, Gesundheits- und Gewerbeämter, Nahrungsmittel- und Arzneimittelkontrollen. Er schafft das Rechtssystem und Sozialversicherung, vergibt öffentliche Aufträge, organisiert Polizei und Feuerwehr, betätigt sich teilweise als Unternehmen, insbesondere in der städtischen Elektrizitäts-, Gas- und Wasserversorgung, bei Eisenbahn und Post. Der allergrößte Teil des Wirtschaftslebens geschieht jedoch ohne direkte Einmischung des Staates. Millionen Menschen produzieren Hunderttausende von Waren aufgrund eigener Entscheidungen. Die großen Wirtschaftszentren sind untereinander in vielfacher Weise verbunden, Informationen werden gesammelt, blitzschnell verbreitet und zur Grundlage von wirtschaftlichen Entscheidungen gemacht. Hinter diesem komplizierten und vielfach strukturierten Gebilde scheint eine unsichtbare Hand zu wirken, die es lenkt und ordnet. Marktwirtschaft nennen wir diesen kunstvollen Mechanismus, der mit Hilfe eines differenzierten Gefüges von Märkten und Preisen die Handlungen von Millionen Teilnehmern am Wirtschaftsleben kombiniert und koordiniert. Ohne Zentralcomputer löst dieses dezentrale Wirtschaftssystem eines der schwierigsten Rechenexempel: Ein System, aus mehreren tausend unbekannten Variablen und Gleichungen. »Was auch immer man gegen das System der Marktwirtschaft vorbringt, die bloße Tatsache, daß es funktioniert, ist ein überzeugender Beweis dafür, daß es kein System des Chaos und der Anarchie ist. Ihm wohnt eine ganz bestimmte Ordnung und Gesetzmäßigkeit inne« (Samuelson).

Laissez-faire – Wirtschaft? Nein!

Kennzeichen der freien Marktwirtschaft ist die Vielzahl von Wirtschaftsplänen all derjenigen, die am Wirtschaftsleben teilnehmen. Die Koordination der Pläne vollzieht sich durch Kauf und Verkauf auf Märkten. Maßstab ist der Preis. Die verschiedenen Wirtschaftsstufen (Erzeuger, Händler, Verbraucher) treten als Nachfrager und Anbieter miteinander in Beziehung. Die Frage nach der Art und Weise, wie das geschieht, beantwortet die Lehre von den Marktformen. Da nur jene Märkte, auf denen sich der Geld-Güter-Tausch unter Wettbewerbsbedingungen vollzieht, befriedigend funktionieren, verbietet sich für die Wirtschaftspolitik das Prinzip des Laissez-faire. Denn die Politik des alten wirtschaftlichen Liberalismus hat eine Paradoxie zutage gebracht, die darin besteht, daß die unbegrenzte Vertragsfreiheit in wachsendem Maße zur Monopolisierung der Märkte und zu autonomen Beschränkungen des Wettbewerbs durch Kartelle und starke Unternehmen geführt hat. Aus der Freiheit für viele droht viel Freiheit für wenige zu werden.

Aufgabe des Staates

Trotz einer allgemeinen Ausrichtung auf das Laissez-faire-Prinzip hat der Staat jahrzehntelang immer wieder interveniert, mal stärker, mal weniger stark, meistens recht unsystematisch, je nach partei- und interessenpolitischer Konstellation. Auch von diesem punktuellen Interventionismus hebt sich der neoliberale Ansatz ab. Jene »Wirtschaftspolitik der Notbehelfe«, wie sie genannt worden ist, soll zugunsten einer dauerhaften und idealen Wirtschaftsordnung überwunden werden. Die neoliberale Lehre weiß, daß die konkurrenzwirtschaftliche Ordnung nur durch politische Maßnahmen, die einen brauchbaren und dauerhaften Ordnungsrahmen schaffen, verwirklicht und erhalten werden kann, u. a. durch das Verbot der vertraglichen Wettbewerbsbeschränkungen. Monopole und Oligopole sollen aufgelöst werden, wenn dadurch wirksamer Wettbewerb entsteht. Wo Wettbewerb die ihm zugedachten Funktionen erfüllt, muß er durch die staatliche Wirtschaftspolitik geschützt und gesichert werden. Die der altliberalen Theorie zugrundeliegende Vorstellung, eine unsichtbare Hand leite das sich selbst überlassene Wirtschaftsgeschehen, wurde aufgegeben. Die Rolle der invisiblen Hand hat der Staat zu übernehmen, dessen sichtbare Hand je nach den Umständen mehr oder weniger spürbar sein kann.

Wo Machtstellungen nicht zu beseitigen sind oder die Auflösung von Kollektivmonopolen nicht sinnvoll erscheint, ist eine staatliche Mißbrauchskontrolle notwendig. Die Feststellungen der Marktmorphologie allein genügen dafür nicht. Gleichwohl ist sie die Grundlage für die Machtanalyse. Die Macht eines Kartells oder Unternehmens kann trotz der Marktform des Monopols oder Oligopols verschieden groß sein. Deshalb sind die Machtstellungen der Unternehmen oder Kartelle anhand der Angebots- und Nachfrageelastizitäten (= Leichtigkeit oder Schwierigkeit, alternative Waren oder Leistungen nachzufragen oder anzubieten) zu bestimmen. Je größer die Elastizität der Nachfrage, um so geringer ist die Macht eines Monopols. Je größer die Substitutionsmöglichkeit, desto geringer ist die Macht der Kartelle und der Einzelmonopole, denn die Abnehmer können einer Preiserhöhung oder Qualitätsverschlechterung ausweichen.

Sicherung des Wettbewerbs

Das Konzept der Sozialen Marktwirtschaft gründet in der Einsicht, daß eine Wirtschaftsordnung ohne klare Entscheidung für ein Koordinierungsprinzip zum Scheitern verurteilt ist. Die Lehre von den Wirtschaftsordnungen zeigt, daß das Prinzip des Wettbewerbs als Organisations- und Koordinationsmittel unentbehrlich ist. Eine klare Rahmenordnung muß den Wettbewerb sichern.

Sozial?

Der Liberalismus alter Art hat vielleicht die Bedeutung des Wettbewerbs richtig erkannt, nicht jedoch die sozialen Probleme. Im Gegensatz zum Altliberalismus erstreben die Vertreter der Theorie der Sozialen Marktwirtschaft keine Wiederherstellung der Laissez-faire-Wirtschaft. Ziel ihrer Anstrengungen ist eine neuartige Synthese. Die Verbindung von »sozial« und »Marktwirtschaft« galt zunächst als widerspruchsvoll. Soziale Wirtschaftspolitik wurde in überkommener Vorstellung mit Wirtschaftslenkung oder doch wenigstens mit interventionistischer Wirtschaftspolitik verbunden. In der Realität der vorausgegangenen Wirtschaftsepochen haben sich Elemente der zentralen Lenkung mit solchen der Wettbewerbsordnung vermischt, wobei sich die widersprüchlichen Elemente gegenseitig blockierten. Soziale Marktwirtschaft hebt sich deshalb grundsätzlich ab von altliberalem Laissez-faire-Denken wie von zentralplanerischer und interventionistischer Wirtschaftspolitik. Soziale Marktwirtschaft ist eine Gesamtordnung, deren primäres Koordinierungsprinzip der Wettbewerb sein soll. Auf der Grundlage funktionsfähiger Wettbewerbsmärkte soll die freie Initiative mit einem gerade durch die marktwirtschaftliche Leistung gesicherten sozialen Fortschritt verbunden werden.

In einer solchen Gesamtordnung kann ein vielgestaltiges und vollständiges System sozialen Schutzes errichtet werden.

Nur in einem System funktionierender Wettbewerbsmärkte geben die Konsumenten durch ihre Kauf- und Verzichtsentscheidung der Wirtschaft lenkende Impulse. Das Gefüge der Marktpreise ist ein unentbehrliches Koordinierungs- und Einpendelungsinstrument, das die zahllosen, überaus unterschiedlichen Einzelpläne aller Teilnehmer am Wirtschaftsleben abstimmt und wirksam werden läßt. Jede zentrale Lenkung sucht demgegenüber die Güterströme anders fließen zu lassen, als es den Verbraucherwünschen entspricht. Die Orientierung am Verbrauch ist aber bereits eine soziale Leistung der Marktwirtschaft. Eine solche Aussage kann nur belächeln, wer die Unterschiede zwischen zentralgeleiteten Volkswirtschaften und den marktwirtschaftlich ausgerichteten nicht kennt.

<table>
<tr><th colspan="4">Mögliche Gruppierungen der Wettbewerbsfunktionen</th></tr>
<tr><td>1 Einkommensverteilung</td><td rowspan="3">statische Funktionen</td><td>Verteilungsfunktion</td><td>Verteilung...</td></tr>
<tr><td>2 Angebotszusammensetzung</td><td rowspan="3">Steuerungsfunktionen</td><td>Zusammensetzung...</td></tr>
<tr><td>3 Produktionssteuerung</td><td rowspan="3">Maximierung des Sozialprodukts</td></tr>
<tr><td>4 Anpassungsflexibilität</td><td rowspan="2">dynamische Funktionen</td></tr>
<tr><td>5 Technischer Fortschritt</td><td>Antriebsfunktion</td></tr>
</table>

Quelle: Erhard Kantzenbach, Die Funktionsfähigkeit des Wettbewerbs, 2. Aufl., Göttingen 1967, S. 19

Als soziale Verbesserung wirkt auch die durch den Wettbewerb gesicherte Produktivität und laufend erzwungene Produktivitätserhöhung. Sie ist umso größer, je mehr der Wettbewerb einseitiger Einkommensbildung entgegenwirkt, die aus Marktbeherrschung und wirtschaftlicher Sonderstellung herrührt. Auf diese Weise kann sich auch der technische

Fortschritt entfalten. Ohne ihn würden die Unternehmen ihre Wettbewerbsfähigkeit auf den Weltmärkten verlieren. Verlust von Arbeitsplätzen wäre die Folge. So leistet das Wettbewerbssystem schon aus sich heraus Wesentliches für das soziale Niveau einer Gesellschaft.

Die Wirtschaftspolitik hat darüber hinaus zahlreiche weitere Möglichkeiten der sozialen Ausgestaltung der Wirtschaftsordnung. Sie darf sich nicht darauf beschränken, lediglich das Instrument der Konkurrenz funktionsfähig zu erhalten. Die Einkommens- und Sozialpolitik bietet ein tragfähiges Fundament für staatliche Maßnahmen und für die Umleitung von Einkommen, die in Form von Fürsorgeleistungen, Renten- und Pensionszahlungen, Wohnungsbau-und Investitionsförderung, Existenzgründungsdarlehen etc. die Einkommensverteilung korrigieren. Dieser Umleitungsprozeß darf bei der Würdigung des Konzepts unserer Wirtschaftsordnung nicht außer acht bleiben.

Ordnungskonforme Sozialpolitik

Kriterium für soziale Maßnahmen dieser Art sollte ihre Verträglichkeit mit dem Funktionieren der marktwirtschaftlichen Abläufe sein. Sozialpolitik in der Marktwirtschaft unterscheidet sich jedenfalls der Idee nach nicht von den Zielen, wohl aber durch ihre Instrumente. Kurzfristig mag sich mit einer staatlich verordneten Preisbindung vielleicht optisch ein Verbrauchervorteil ergeben, mittelfristig werden dadurch ganze Märkte blockiert; immer auch zum Nachteil breitester Schichten. Die Wirtschaftspolitik der Sozialen Marktwirtschaft versucht, sozialen Fortschritt über marktkonforme und marktneutrale Maßnahmen zu erreichen, die den sozialen Zweck sichern, ohne störend in die Marktapparatur einzugreifen. Nicht marktkonform ist z. B. ein Mietenstopp, der den Wohnungsmarkt ohne Rücksicht auf die Leistungsfähigkeit der Mieter erfaßt. Marktkonform ist ein System von Mietbeihilfen für sozial

Professor Erhard bei der feierlichen Eröffnung des Bundeskartellamtes

schwächere Schichten. Der Verbraucher genießt in Zeiten eines reichhaltigen Angebots seine Käufermarktposition; bei Verkäufermärkten fehlt ihm jedoch häufig noch das Verständnis für das Funktionieren von Märkten und Wettbewerb.

Ludwig Erhard und seine Mitstreiter

Das Ringen in den parlamentarischen Gremien um die Verwirklichung der Sozialen Marktwirtschaft als Wirtschaftsordnung - angeführt insbesondere von Ludwig Erhard, Müller-Armack und Franz Böhm -, aber auch der außerparlamentarische Kampf gegen dieses Gesetzgebungsvorhaben begannen nach der Währungsreform 1948 in einer Zeit größter Not und des Mangels, gegen die man als angemessene Wirtschaftspolitik üblicherweise zentrale Lenkungsmaßnehmen und Rationierung ansah. Die Erfolge gaben dem Experiment jedoch recht.

2 Das Gesetz gegen Wettbewerbsbeschränkungen (GWB)

2.1 Entstehung und allgemeine Übersicht

Im Bundestag und außerhalb

Die vorbereitenden Arbeiten zum Gesetz gegen Wettbewerbsbeschränkungen (= GWB, Kartellgesetz) reichen in das Jahr 1948 zurück. Aber erst 1957 wurde es verabschiedet. Im April 1948 hatte der Wissenschaftliche Beirat bei der Verwaltung für Wirtschaft im Zusammenhang mit der Empfehlung zum Abbau der staatlichen Bewirtschaftung und Aufhebung des Preisstopps eine sofortige und wirksame Kontrolle der Monopole und ihrer Preisbildung als unabdingbar bezeichnet. Zahlreiche Entwürfe und Gegenentwürfe, Regierungsvorlagen in schärferer und milderer Fassung und eine Vielzahl von Beratungen sind die Stationen eines schier ausweglosen Streites zwischen Verbotsprinzip und Mißbrauchsgesetz, bis schließlich die Entscheidung zugunsten einer Verbotsgesetzgebung mit Erlaubnisvorbehalten fiel. Nach harten Auseinandersetzungen im Parlament und erbitterten Kämpfen außerhalb konnte am 9. August 1957 das GWB vom 27. Juli 1957 verkündet werden. Am 1. Januar 1958 ist es in Kraft getreten; seither wurde es mehrmals novelliert.

Mit diesem Gesetz erfuhr »das unsere Wirtschaft leitende Prinzip seine gesetzliche Verankerung« (Ludwig Erhard). Die Verabschiedung des Gesetzes war ein Wendepunkt in der Wettbewerbs- und Kartellpolitik seit Beginn des industriellen Zeitalters. Mit ihm ist »dem Wettbewerb in unserer Wirtschaftsverfassung ein fester Platz und dem Wettbewerbsgedanken eine Chance« gegeben worden, jedoch ohne daß die Vorstellungen neoliberaler Theoretiker auch nur annähernd verwirklicht worden wären.

Ein unvollkommenes Gesetz

Der Name Kartellgesetz trifft nicht das Wesen dieser Bestimmungen. Der Wettbewerb ist nicht nur gegenüber Kartellen geschützt (§§ 1 bis 14), das Gesetz enthält seit 1973 auch Möglichkeiten der Konzentrationsbekämpfung (=Fusionskontrolle, §§ 23 bis 24b); es befaßt sich außerdem mit Wettbewerbsbeschränkungen in Individualverträgen (Preisbindung der zweiten Hand, Ausschließlichkeitsbindungen, Lizenzverträgen, §§ 15 bis 21), mit marktbeherrschenden Unternehmen (§ 22) und mit rein tatsächlichem wettbewerbbeschränkendem oder diskriminierendem Verhalten (§§ 25 bis 27).

Von vornherein weitgehend von der Anwendbarkeit des Kartellgesetzes befreit (§§ 99 bis 103) sind Bundespost, -bahn und sonstige Verkehrsträger, soweit Entgelte und Bedingungen durch Gesetz oder Verordnung festgelegt werden, landwirtschaftliche Erzeugervereinigungen, Banken, Versicherungen und Bausparkassen sowie der Anwendungsbereich des Vertrags über die Europäische Gemeinschaft für Kohle und Stahl, für die eigene Wettbewerbsregeln gelten.

Das Kartellgesetz dient dem Schutz des Wettbewerbs als Institution der Marktwirtschaft. Es schützt damit auch die einzelnen Marktteilnehmer gegen Schädigung durch Wettbewerbsbeschränkungen.

Die Kartellbehörden

Die im Kartellgesetz vorgesehenen Aufgaben und Befugnisse nehmen das Bundeskartellamt, die Landeskartellbehörden und der Bundesminister für Wirtschaft wahr. Für Wettbewerbsbeschränkungen, die sich nur in einem Bundesland auswirken, sind entsprechend dem föderativen Aufbau unseres Landes die Kartellbehörden der Bundesländer zuständig. Das sind die Landeswirtschaftsminister bzw. die

Kartellamt hat Arb

Ernennung Günthers

Tsp. **Berlin.** Das Bundeskartellamt hat am 2. Januar in Berlin (Mehringdamm 129) die Arbeit aufgenommen. Wie Ministerialdirektor Dr. Walter vor der Presse mitteilte, ist Ministerialrat Dr. Eberhard Günther noch nicht zum Präsidenten des Kartellamtes ernannt worden. Er nehme aber an, daß dies in kurzer Zeit geschehen werde. Hierzu meldet dpa aus Bonn, daß über die Besetzung dieses Postens vermutlich in der ersten Kabinettssitzung im neuen Jahr (am 8. Januar) beraten werden wird. Dr. Günther habe keinen Gegenkandidaten; aus Regierungskreisen verlaute, daß Schwierigkeiten bei der Ernennung Günthers nicht zu erwarten seien. Man höre aber auch die Meinung, daß der Bundeskanzler mit Bundeswirtschaftsminister Erhard noch einmal sprechen werde. Bekanntlich vertritt Günther in der Kartellgesetzgebung einen „harten" Kurs, was in manchen Kreisen der Wirtschaft nicht gern gesehen wird.

Nach Mitteilung Dr. Walters wird das Kartellamt vier Beschluß-Abteilungen und zwei Einspruchs-Abteilungen (Berufungsinstanzen) erhalten. Für den Anfang ist die Errichtung einer Beschluß-Abteilung vorgesehen, die noch im Januar, vielleicht aber auch erst im Februar, die Tätigkeit aufnehmen soll. Das Kartellamt beschäftigt zur Zeit 49 Personen; darunter befinden sich 32 Berliner, die neu eingestellt wurden. Nach den zur Zeit vorliegenden Plänen sollen später etwa 170 Personen beschäftigt werden. Man glaubt, daß das Kartellamt anfangs mit einer relativ geringen Besetzung auskommen wird, weil die bisher genehmigten Kartellverträge bis zum 30. 6. 1958 gelten. Unter der alten Kartellgesetzgebung sind 103 Befreiungsanträge eingereicht worden, davon wurden 25 erledigt, während 78 noch anhängig sind. Bei der Staatsanwaltschaft und bei den Gerichten laufende Verfahren werden jetzt

Die Presse berichtete ausführlich; auch über Versuche des Bdi-Präsidenten, auf Personalentscheidungen einzuwirken.

eit aufgenommen

am 8. Januar?

eingestellt; die Akten werden dem Kartellamt übergeben. Auf längere Sicht rechnet man mit einer starken Zunahme der Anträge. Das Kartellamt soll so schnell wie möglich, vielleicht im April, einen Haushaltsplan erhalten, damit es in finanzieller Hinsicht beweglich wird.

Schlichtungsstelle soll entlasten

Köln (UP). Die Schlichtungsstelle für Kartellfragen sei nicht als „Kartellförderungsamt" oder gar als „Kartellbrutmaschine" gedacht, heißt es in einer Mitteilung der Spitzenverbände des Handels. Die Verbände wenden sich gegen „irreführende Unterstellungen und Behauptungen", nach denen die Spitzenverbände der gewerblichen Wirtschaft mit der Schlichtungsstelle das Bundeskartellamt und die Länder-Kartellbehörden ausschalten wollten, um unter sich Kartelle auszuhandeln und zu zementieren. Vielmehr solle die Schlichtungsstelle als Selbstverwaltungseinrichtung die Kartellbehörden und die Gerichte entlasten, indem sie sie von Meinungsverschiedenheiten befreie, die zwischen Unternehmen oder Wirtschaftsstufen bei der Vorbereitung von Kartella... entstehen könnten. Die Errichtung der Schlichtungsst... ...henden Persönlichkeiten der Kartellbeh...

Wird Dr. Günther ernannt?

Bonn, 4. Dezember (UP). Der Bundesverband der Deutschen Industrie (BDI) hat beim Bundeskanzler interveniert, um die erwartete Ernennung des Ministerialrats Günther zum Präsidenten des Bundeskartellamtes zu verhindern. Wie aus zuständigen amtlichen Bonner Kreisen verlautet, kann der Versuch jedoch als gescheitert angesehen werden. Bundeskanzler Konrad Adenauer, der seit den massiven Interventionen des Bauernverbandes gegen Ernährungsminister Heinrich Lübke solchen personalpolitischen Wünschen von Interessengruppen abgeneigt ist, wird Bundeswirtschaftsminister Ludwig Erhard in der Benennung des Kandidaten für diesen wichtigen Posten — so wird angenommen — freie Hand lassen. Damit wird die Ernennung Günthers als gesichert angesehen.

Senatoren für Wirtschaft in den Stadtstaaten. Für alle übrigen Aufgaben, und das ist der weitaus größere Teil, ist das Bundeskartellamt in Berlin geschaffen worden.

Das Bundeskartellamt

Die Entscheidungen des Bundeskartellamtes (z. Zt. 235 Beschäftigte, davon 54 Juristen und 51 Volks- oder Betriebswirte) werden von den Beschlußabteilungen (neun) getroffen. Diese entscheiden in der Besetzung mit einem Vorsitzenden und zwei Beisitzern. Die Vorsitzenden und Beisitzer müssen die Befähigung zum Richteramt oder zum höheren Verwaltungsdienst haben.

Im großen und ganzen verfolgen die Landeskartellbehörden die gleichen Ziele wie das Bundeskartellamt. Die Grundlagen der Entscheidungstätigkeit sind dieselben. Abweichungen gibt es im Grenzbereich des Kartellrechts zu anderen Rechtsgebieten und bei rechts- und wettbewerbspolitischen Maßnahmen und Bestrebungen. Der Bundesminister für Wirtschaft ist als Kartellbehörde zuständig für eine Kartellerlaubnis nach § 8, für eine Fusionserlaubnis nach § 24 Abs. 3 und für die Mißbrauchsaufsicht über Exportkartelle ohne Inlandsbindungen.

Schließlich sei noch erwähnt, daß das Kartellrecht Anspruchsgrundlage sein kann für Bürgerrechte und Bürgerpflichten.

Für bürgerliche Rechtsstreitigkeiten, die sich aus dem Kartellgesetz und aus Kartellverträgen ergeben, sind die Landgerichte zuständig. Die Gerichte haben das Bundeskartellamt über alle Kartellrechtsstreitigkeiten zu unterrichten. Die Kartellbehörden sind befugt, sich dem Gericht gegenüber zu äußern, auf Tatsachen und Beweismittel hinzuweisen und den Terminen beizuwohnen. Das Gericht ist nicht an die Stellungnahme der Kartellbehörden gebunden.

2.2 Kartellverbot und Kartelle

Kartelldefinition

Die Bestimmungen über Kartelle und die Ausnahmemöglichkeiten stehen mit Recht am Anfang des GWB. Ausgang ist das Kartellverbot des § 1. Kartellverträge im Sinne des § 1 sind Vereinbarungen zwischen Unternehmen oder Vereinigungen von Unternehmen, die geeignet sind, durch Beschränkungen des Wettbewerbs die Marktverhältnisse zu beeinflussen. Damit wird im wesentlichen alles erfaßt, was als horizontale Wettbewerbsbeschränkung bezeichnet wird. Mit dieser (verkürzt wiedergegebenen) Definition hat der Gesetzgeber für die praktische Arbeit den Streit um den wirtschaftlichen und juristischen Kartellbegriff entschieden und die so definierten Kartellverträge für unwirksam erklärt. Wer sich vorsätzlich über die Unwirksamkeit eines solchen Vertrags hinwegsetzt, begeht eine Ordnungswidrigkeit, die mit einer Geldbuße bis zu einer Million DM und über diesen Betrag hinaus bis zur dreifachen Höhe des durch Zuwiderhandlung erzielten Mehrerlöses geahndet werden kann.

Wettbewerbsdefinition

Das Gesetz sagt nicht, wie weit der Unternehmensbegriff zu fassen und was unter Marktbeeinflussung zu verstehen ist. Eine nähere Bestimmung des Wettbewerbsbegriffs enthält es ebenfalls nicht. Der Gesetzgeber ist davon ausgegangen, daß jede Form des Wettbewerbs und alle Wettbewerbsmaßnahmen von § 1 geschützt sein sollen, die nicht durch andere Gesetze, z. B. durch das Gesetz gegen den unlauteren Wettbewerb, verboten sind. Daher unterliegen grundsätzlich auch unwesentliche Beschränkungen des Wettbewerbs dem Verbot des § 1.

Das Verbotsprinzip wird allerdings aufgelockert durch mehrere Ausnahmen, denn nach Ansicht des Gesetzgebers kann eine Reihe von Wettbewerbsbeschränkungen, die an sich den Unwirksamkeitsnormen des GWB unterliegen, nach Abwägung ihrer

GWB

Erster Teil: Wettbewerbsbeschränkungen

Erster Abschnitt: Kartellverträge und Kartellbeschlüsse

§ 1.[1] (Unwirksamkeit wettbewerbbeschränkender Abmachungen)

(1) Verträge, die Unternehmen oder Vereinigungen von Unternehmen zu einem gemeinsamen Zweck schließen, und Beschlüsse von Vereinigungen von Unternehmen sind unwirksam, soweit sie geeignet sind, die Erzeugung oder die Marktverhältnisse für den Verkehr mit Waren oder gewerblichen Leistungen durch Beschränkung des Wettbewerbs zu beeinflussen. Dies gilt nicht, soweit in diesem Gesetz etwas anderes bestimmt ist.

(2) Als Beschluß einer Vereinigung von Unternehmen gilt auch der Beschluß der Mitgliederversammlung einer juristischen Person, soweit ihre Mitglieder Unternehmen sind.

§ 25 (Verbot aufeinander abgestimmten Verhaltens und wettbewerbbeschränkender Maßnahmen)

(1) Ein aufeinander abgestimmtes Verhalten von Unternehmen oder Vereinigungen von Unternehmen, das nach diesem Gesetz nicht zum Gegenstand einer vertraglichen Bindung gemacht werden darf, ist verboten.

(2) Unternehmen und Vereinigungen von Unternehmen dürfen anderen Unternehmen keine Nachteile androhen oder zufügen und keine Vorteile versprechen oder gewähren, um sie zu einem Verhalten zu veranlassen, das nach diesem Gesetz oder nach einer auf Grund dieses Gesetzes ergangenen Verfügung der Kartellbehörde nicht zum Gegenstand einer vertraglichen Bindung gemacht werden darf.

(3) Unternehmen und Vereinigungen von Unternehmen dürfen andere Unternehmen nicht zwingen,

1. einem Vertrag oder Beschluß im Sinne der §§ 2 bis 8, 29, 99 Abs. 2, § 100 Abs. 1 und 7, §§ 102 und 103 beizutreten oder
2. sich mit anderen Unternehmen im Sinne des § 23 zusammenzuschließen oder
3. in der Absicht, den Wettbewerb zu beschränken, sich im Markt gleichförmig zu verhalten.

Das Kartellverbot und das Verbot von Kartellersatzformen sind tragende Elemente des Gesetzes.

Wirkung auf dem Markt im Einzelfall hingenommen werden. Bagatellkartelle (§ 5b) für kleine und mittlere Unternehmen hält er sogar für erwünscht, wenn sie größenbedingte Nachteile im Wettbewerb ausgleichen. Das Gesetz enthält der unterschiedlichen Bedeutung von Wettbewerbsbeschränkungen entsprechend abgestufte Zulassungsvoraussetzungen: Wirksamkeit einer wettbewerbbeschränkenden Vereinbarung kann erreicht werden durch bloße Anmeldung bei der Kartellbehörde, nach Ablauf einer Widerspruchsfrist von drei Monaten nach Anmeldung oder erst mit offizieller Erlaubniserteilung durch die Kartellbehörde nach Prüfung eines Kartellerlaubnisantrags.

Mit der *bloßen Anmeldung* bei der Kartellbehörde werden wirksam:
Exportkartelle zur Sicherung und Förderung der Ausfuhr, sofern sie sich auf die Wettbewerbsregulierung auf Auslandsmärkten beschränken (§ 6 Abs. 1); Verträge und Beschlüsse, die lediglich die einheitliche Anwendung von Normen und Typen zum Gegenstand haben (§ 5 Abs. 1 GWB). Der Anmeldung ist die Stellungnahme eines Rationalisierungsverbandes beizufügen.

Drei Monate nach Anmeldung werden wirksam, wenn die Kartellbehörde nicht widerspricht:
Konditionenkartelle (§ 2), die sich jedoch nicht auf Preise oder Preisbestandteile beziehen dürfen. Es ist also möglich, daß Gruppen von Unternehmen ihre allgemeinen Geschäfts-, Lieferungs- und Zahlungsbedingungen einschließlich Skonti einheitlich festlegen.

Rabattkartelle (§ 3), soweit die Rabatte ein echtes Leistungsentgelt darstellen und nicht zu einer ungerechtfertigt unterschiedlichen Behandlung von Abnehmern führen.

Spezialisierungskartelle (§ 5a), die wesentlichen Wettbewerb auf dem Markt bestehen lassen. Diese

Bestimmung ist auch anzuwenden, wenn die Spezialisierung Preisvereinbarungen oder die Bildung gemeinsamer Beschaffungs- oder Vertriebseinrichtungen (Syndikate) erfordert.

Mittelstandskartelle nach § 5 b sind für kleinere und mittlere Unternehmen gedacht. Vereinbart werden zwar ebenfalls Rationalisierungsmaßnahmen, jedoch andere als durch Spezialisierung. Der Wettbewerb darf dadurch nicht wesentlich beeinträchtigt werden. Als Richtgröße für den kartellierten Marktanteil gelten 10 bis 15%.

Nur mit einer *Erlaubnis der Kartellbehörde* im Einzelfall werden wirksam:
Strukturkrisenkartelle (§ 4), d. h. Verträge zwischen Unternehmen der Erzeugerstufe im Falle eines auf nachhaltiger Änderung der Nachfrage beruhenden Absatzrückgangs, wenn der Vertrag notwendig ist, um eine planmäßige Kapazitätsanpassung an den Bedarf herbeizuführen und wenn die Regelung das Gemeinwohl berücksichtigt. Konjunkturelle Schwierigkeiten können Unternehmen nicht mit § 4 bekämpfen.

Rationalisierungskartelle (§ 5 Abs. 2), wenn dadurch die Leistungsfähigkeit der beteiligten Unternehmen wesentlich gehoben und die Befriedigung des Bedarfs verbessert wird. Der Rationalisierungserfolg soll in einem angemessenen Verhältnis zur Wettbewerbsbeschränkung stehen.

Rationalisierungskartelle mit gemeinsamen Beschaffungs- oder Vertriebseinrichtungen, sog. Syndikate (§ 5 Abs. 2 und 3), wenn der Rationalisierungszweck auf andere Weise nicht erreicht werden kann. Die Rationalisierung muß im Interesse der Allgemeinheit erwünscht sein, der Rationalisierungserfolg soll in einem angemessenen Verhältnis zur Wettbewerbsbeschränkung stehen.

Exportkartelle, die zugleich Wirkungen auf dem Inlandsmarkt haben (§ 6 Abs. 2 GWB), soweit ein solches Kartell notwendig ist, um die erstrebte Regelung auf den Märkten außerhalb des Geltungsbereichs des GWB zu sichern.

Importkartelle (§7 GWB), sofern die Regelung lediglich die Einfuhr betrifft und die deutschen Bezieher keinem oder nur unwesentlichem Wettbewerb der ausländischen Anbieter gegenüberstehen.

Erlaubnis durch den Bundeswirtschaftsminister

Eine letzte Möglichkeit, Kartelle zu erlauben, gibt §8 GWB dem Bundesminister für Wirtschaft für Sondertatbestände, bei denen die oben angeführten Legalisierungsmöglichkeiten nach §§ 2 bis 7 GWB nicht vorliegen. Sie sind erlaubnisfähig, wenn ausnahmeweise die Beschränkung des Wettbewerbs aus überwiegenden Gründen der Gesamtwirtschaft und des Gemeinwohls notwendig ist. Insbesondere Abs. 2 des §8 räumt die Möglichkeit ein, unvorhergesehenen Entwicklungen, die eine unmittelbare Gefahr für den Bestand eines Wirtschaftszweiges bedeuten, durch Kartellverträge zu begegnen, wenn gesetzliche oder wirtschaftspolitische Maßnahmen nicht oder nicht rechtzeitig getroffen werden können und die Beschränkung des Wettbewerbs geeignet ist, die Gefahr abzuwenden.

Die Kartellbehörden üben über Kartelle die Mißbrauchsaufsicht aus. Kartellverträge sind schriftlich abzufassen und werden im Bundesanzeiger bekanntgemacht. Von Kartellvereinbarungen betroffene Unternehmen der vor- und nachgelagerten Wirtschaftsstufen können ihre Bedenken geltend machen. Fristlose Kündigung von Kartellverträgen aus wichtigem Grunde ist möglich. Mit diesen Bestimmungen werden interner Kartellzwang gemildert, Transparenz auch für die betroffenen Marktpartner hergestellt und die Nachprüfung des Umfangs der Kartellvereinbarung gesichert. Insgesamt ist so die Tätigkeit legalisierter Kartelle auf ein tolerierbares Maß reduziert worden.

Einige Zahlen

In den drei Jahrzehnten der Geltung des Kartellgesetzes sind bei den Kartellbehörden 821 Kartellverträge zur Legalisierung vorgelegt worden. Die wettbewerbbeschränkenden Vereinbarungen in den Ausnahmebereichen sind dabei nicht mitgezählt.

605 Vereinbarungen sind wirksam geworden. Z. Zt. sind 303 in Kraft. Hinter diesen nüchternen Zahlen verbirgt sich eine recht unterschiedliche Verwaltungstätigkeit: Zahlreiche Untersagungsverfügungen, davor aber sehr viel Ermittlungs-und Aufklärungsarbeit, Befragungen von Wettbewerbern, Lieferanten und Abnehmern sowie von Verbänden der betroffenen Marktstufen. Diese Tätigkeiten sollen die Markt- und Wettbewerbsverhältnisse klären und somit positive oder negative Entscheidungen der Kartellbehörden vorbereiten.

Die Zahl der gegenwärtig legal tätigen Kartelle setzt sich aus ganz unterschiedlichen Kartellarten zusammen. Die Zahl enthält 53 Konditionenkartelle, 8 Rabattvereinbarungen, 2 Strukturkrisenkartelle mit ganz unterschiedlichem Ausmaß der Wettbewerbsbeschränkung, 13 höherstufige Rationalisierungskartelle, also mit Preis- und Vertriebsabsprachen und gemeinsamer Vertriebseinrichtung, 44 Spezialisierungskartelle, etwa die Hälfte davon mit Preisabsprachen und gemeinsamen Vertrieb, 132 Bagatellkartelle nach § 5b (Mittelstandskartelle) und schließlich 43 Exportkartelle ohne Inlandswirkung.

Welche Erfahrungen mit dem Kartellverbot sind nun in den drei Jahrzehnten Kartellamtstätigkeit gemacht worden? Bei der Prüfung der Statistik über Kartelle und Kartellarten und deren Vergleich mit Kartellen in den 20er Jahren wird man mit Befriedigung feststellen können, daß legalisierte Kartelle auf den Märkten keine große Bedeutung haben. Im großen und ganzen funktioniert bei uns der Wettbewerb recht gut, obwohl auf einige neuralgische Bereiche später noch hingewiesen werden muß. Doch zuvor

Heuss im Kartellamt

Von unserer Berliner Redaktion

H.G.O. BERLIN, 29. April. Anläßlich seines Aufenthaltes in Berlin stattete Bundespräsident Heuss in Begleitung von Bundesbevollmächtigten Dr. Vockel und Min.-Dir. Dr. Bott dem Bundeskartellamt einen Besuch ab. Professor Heuss ließ sich vom Präsidenten des Kartellamtes, Dr. Günther, die leitenden Herren der Behörde vorstellen und über die Organisation des Hauses unterrichten. Der Besuch, der in einer sehr guten Atmosphäre verlief, gab außerdem Gelegenheit zur Behandlung wirtschaftlicher Probleme. Dr. Günther konnte dem Bundespräsidenten die haushaltsrechtlichen Schwierigkeiten schildern, die dem schnellen Aufbau des Amtes entgegenstehen und die Heranziehung eines ausreichenden Stabes an qualifizierten Kräften erschweren.

sollen Umgehungsversuche des Kartellverbots abgehandelt werden. Außerdem soll gezeigt werden, wie sich die Anwendung des § 1 entwickelt hat oder, mit den Worten der Betroffenen, »wie das Kartellverbot immer weiter ausgedehnt worden ist.«

2.2.1 Kartellverbot: Gegenstands- und Zwecktheorie

Reichweite des Kartellverbots

Es wird immer wieder behauptet, daß das Kartellverbot von den Unternehmen leicht umgangen werden könne. Richtig ist, daß es Verträge gibt, in denen das Wort »Wettbewerbsbeschränkung« überhaupt nicht vorkommt, bei deren Praktizierung der Wettbewerb trotzdem beträchtlich eingeschränkt wird. Es stellt sich somit die Frage, wie weit das Kartellverbot reicht, oder so formuliert, wie es dem Wortlaut des § 1 entspricht, wo hört die »Eignung eines Vertrages zur Beeinflussung der Marktverhältnisse durch Beschränkung des Wettbewerbs« auf? Diese Frage ist in der Diskussion um das Kartellverbot am längsten umstritten gewesen. Es ist die Auseinandersetzung um die Frage, ob die Beschränkung der unternehmerischen Handlungsfreiheit (Wettbewerbsbeschränkung) Inhalt des Vertrags sein müsse (Gegenstandstheorie) oder ob das Kartellverbot auch solche Verträge trifft, deren Zweck oder bloße Folge die Wettbewerbsbeschränkung ist.

Kampf gegen Ersatzformen

In den ersten zehn Jahren war die Entscheidungspraxis zum Kartellverbot von der Gegenstandstheorie bestimmt. Der einzige Vorzug der Gegenstandstheorie war die formale Rechtssicherheit und Klarheit. Ihr großer Nachteil war die Einladung, Kartellersatzformen mit gleicher oder sehr ähnlicher Wirkung zu praktizieren. Die Zwecktheorie läßt für das Kartellverbot genügen, daß Beteiligte sich über die Wettbewerbsbeschränkung verständigt haben; die Beschränkung in den Vertrag aufzunehmen, ist nicht erforderlich. Die Erforschung des Motivs kann allerdings notwendig und mitunter vielleicht sogar schwierig sein. Da die Zwecktheorie bisher jedenfalls nur auf bestimmte Kartellsurrogatformen wie z. B. Preismeldeverträge, Informationsverfahren anderer Art, gemeinschaftliche Einkaufs- und Verkaufsunternehmen angewendet worden ist, ist die Praktizierung verhältnismäßig problemlos. Dies würde nicht in gleichem Maße für die Folgetheorie gelten. Sie stellt weder auf den Vertragsinhalt noch auf den Willen der am Vertrag beteiligten Unternehmen ab. Entscheidend allein sollen die Folgen eines Vertrags sein, soweit er wettbewerbbeschränkende Wirkungen entfaltet.

Die Anwendung der Folgetheorie würde beträchtliche Rechtsunsicherheit schaffen, da bei komplexen Marktprozessen nicht alle möglichen Vertragswirkungen vorhersehbar sind. Die Zwecktheorie hat sich durchgesetzt und ist mit der Entscheidung »Zementverkaufsstelle Niedersachsen« auch vom Bundesgerichtshof bestätigt worden. Da die Gegenstandstheorie nicht abstrakt deduktiv überwunden worden ist, sondern die Zwecktheorie sich im Zusammenhang mit der Lösung konkreter Einzelfälle insbesondere bei der Erörterung der Torso-Syndikate und Preismeldestellen durchgesetzt hat, sei auf diese beiden Fallgruppen etwas näher eingegangen.

2.2.2 Preismeldestellen

Das Bundeskartellamt hatte sich bereits in den ersten Jahren nach 1958 zunehmend mit Preis- und Marktinformationsverfahren zu beschäftigen. In Musterentscheidungen hat es Geldbußen verhängt, denn die Unternehmen hatten sich vertraglich verpflichtet, ein Treuhandbüro laufend über ihre Verkäufe, in einem Fall von Aluminiumhalbzeug, im anderen von Tuben, durch Angabe aller wesentlichen Einzelheiten (wie Name des Kunden, Datum, Warenmenge, Preis, Rabatte und sonstige Konditionen) zu unterrichten. Was vertraglich vereinbart war, klingt kompliziert, konnte einfach jedoch durch Übersendung von Durchschriften oder Kopien der Angebote, der Auftrags- oder Abschlußbestätigungen oder der Schlußrechnungen geschehen. Das Treuhandbüro seinerseits war ermächtigt, auf Anfrage jedem Mitglied die so gewonnenen Informationen mitzuteilen. Es gab auch Fälle, wo die Informationen unaufgefordert weitergegeben wurden.

Einschränkung der Informationsfreiheit?

Mit Marktinformationen dieser Art verbessern die Anbieter ihre Markttransparenz ganz beträchtlich und beseitigen praktisch die Unsicherheit der Wettbewerber über das Verhalten der Konkurrenten. Damit geht ein entscheidendes Wettbewerbselement auf dem Markt verloren: Die Stellung der Nachfrager wird geschwächt, weil sie nun die Anbieter nicht mehr zu Konkurrenzangeboten veranlassen können, ohne daß dieses Konkurrenzgeschäfte den Wettbewerbern der Anbieter bekannt werden. Durch die weitgehende Kenntnis der relevanten Marktdaten entfällt für die an einem Marktinformationsverfahren dieser Art beteiligten Unternehmen der Anreiz zum vorstoßenden Wettbewerb; denn dieser ist nur sinnvoll, wenn Aussicht auf einen nicht unerheblichen Wettbewerbsvorsprung besteht. Wo aber der Vorstoß den Wettbewerbern bekanntgegeben werden muß, wird ihm letztlich seine Wirkung genommen.

Schutz auch des geheimen Wettbewerbs

Es gibt Märkte, auf denen Wettbewerb im wesentlichen nur noch mit nicht allgemein bekannten Rabatten stattfindet. Müssen diese aber bekanntgegeben werden, entfällt hier der einzig mögliche Wettbewerb. Aussagen dieser Art, die sehr theoretisch klingen, konnten in der Entscheidungspraxis und Rechtsprechung erst dann durchgesetzt werden, als gezeigt werden konnte, daß Preismeldestellen trotz beträchtlicher organisatorischer Unterschiede wie ein Preiskartell wirken oder als fast vollwertiger Ersatz für frühere Kartelle oder fehlgeschlagene Kartellversuche dienen. In die Sprache des Wettbewerbsrechts übersetzt lautet die Aussage: Die in Marktinformationsverträgen enthaltenen Melde- und Offenbarungspflichten sind geeignet, die Marktverhältnisse durch Beschränkung des Wettbewerbs zu beeinflussen, da durch sie die Reaktionsverbundenheit der beteiligten Unternehmen verstärkt wird.

Das Kammergericht in Berlin ist der Argumentation des Bundeskartellamtes weitgehend gefolgt. Der Bundesgerichtshof hat in der Aluminiumhalbzeugentscheidung die Rechtsbeschwerde der Betroffenen gegen die Kammergerichtsentscheidung zurückgewiesen. Er hat ausgeführt, daß § 1 des Kartellgesetzes auch den Informationsaustausch erfassen kann, selbst wenn dieser die Freiheit der Vertragsbeteiligten, über Abschluß und Inhalt von Verträgen mit der Marktgegenseite autonom und individuell zu entscheiden, unberührt läßt. Mit Marktinformationsverträgen der genannten Art werden die Marktverhältnisse in einer Weise verändert, daß aus der Veränderung Wettbewerbsbeschränkungen entstehen. Durch identifizierende Preismeldestellen werden die Chancen der anderen Marktseite negativ beeinflußt. Den an dem Informationsverfahren beteiligten Unternehmen wird der freie Einsatz solcher für den konkreten Markt relevanten Faktoren eingeschränkt. Nach Überzeugung des BGH haben die Unternehmen vertraglich darauf verzichtet, sog. Geheimwettbewerb zu führen. Auch dies ist eine Wettbewerbsbeschränkung i. S. des § 1 GWB.

Die Preismeldestellen haben, soweit den Kartellbehörden bekannt geworden ist, ihre Tätigkeit eingeschränkt oder ganz eingestellt. In Abstimmung mit den Behörden haben von den Entscheidungen betroffene Unternehmen und Unternehmensgruppen Formen der Preis- und Umsatzstatistik entwickelt, die mit Blick auf das Kartellverbot bedenkenfrei praktiziert werden können. Es kommt darauf an, daß sich aus statistischen Informationen, welche die Unternehmen erhalten, nicht die Preise oder Marktanteile bestimmter einzelner Konkurrenten ablesen lassen.

2.2.3 Angebotsinformationsverfahren

Gegen wen konkurriere ich?

In ähnlicher Weise hat das Bundeskartellamt Wirtschaftsvereinigungen der Bauindustrie die geplante Einführung eines Angebots-Meldeverfahrens untersagt. Die Informationsverfahren sahen vor, daß Bauunternehmen, die an einer Ausschreibung teilnehmen wollten, ihr Interesse ihrem Verband mitteilten und von diesem noch vor dem Angebotsabgabetermin die Namen der anderen Interessenten erhielten. Damit wurde durch das Meldeverfahren die Ungewißheit der Unternehmen über den tatsächlichen Umfang des Bieterkreises eingeschränkt. Diese Information über den Kreis der bei der Meldestelle gemeldeten Teilnehmer an der Ausschreibung ließ Rückschlüsse auf das Preisverhalten zu. Beide Momente zusammen verringerten die Wettbewerbsintensität und stellten damit eine Wettbewerbsbeschränkung dar.

Das zu erfahren, soll verboten sein?

Gegen diese Ansicht ist argumentiert worden, die Auswirkungen der Marktinformation auf das wettbewerbliche Verhalten der beteiligten Unternehmen sei wettbewerbsneutral, weil mit gleicher Wahrscheinlichkeit ebensogut eine Steigerung wie eine Dämpfung der Wettbewerbsintensität eintreten könne. Ungleich wahrscheinlicher ist jedoch, daß es den beteiligten Unternehmen möglich wird, höhere Preise durchzusetzen, als es ohne die Information des Meldeverfahrens gelingt. Die Unkenntnis der Mitbewerber gehört zu den grundlegenden Wettbewerbsbedingungen auf dem Baumarkt. Sie wird durch das auf dem Markt für Bauleistungen vorherrschende Vergabeverfahren der Ausschreibung bewußt und gewollt herbeigeführt. Sie entspricht dem Leitbild der Verdingungsordnung für Bauleistungen (VOB), die dem gesamten Bereich der Vergabe von Bauleistungen durch die öffentliche Hand als zwingende Vorschrift zugrundeliegt. In ihr ist festgelegt, daß die Namen der Bewerber, die Verdingungsunterlagen eingesehen oder erhalten haben, geheimzuhalten sind. Durch diese Geheimhaltung sollen nicht nur Absprachen zwischen den Bietern verhindert werden, sondern vor allem eine »unverzerrte« Kalkulation der Anbieter für die in Frage kommenden Projekte sichergestellt werden.

Es mindert den Wettbewerb!

Wenn ein durchschnittlich leistungssfähiges Unternehmen bei einer Ausschreibung keine Kenntnis über den Bieterkreis hat, muß es mit dem gesamten Spektrum möglicher Konkurrenten rechnen und daher seine Kalkulation recht vorsichtig ansetzen, um seine Chancen, den Auftrag zu erhalten, gegenüber möglichen leistungsfähigeren Konkurrenten nicht zu gefährden. Auch die Unternehmen mit überdurchschnittlicher Leistungsfähigkeit, die generell mit höheren Risikoaufschlägen auf ihre absolute Preisuntergrenze kalkulieren können, müssen bei Unkenntnis des Bieterkreises mit der Konkurrenz noch leistungsstärkerer Anbieter rechnen und werden dadurch ebenfalls zu einer vorsichtigeren Kalkulation, d. h. zur Ausschöpfung ihres Leistungspotentials gezwungen. Wird aber durch das Meldeverfahren die Ungewißheit über den Bieterkreis beseitigt, muß der einzelne Anbieter nicht mehr mit dem gesamten Spektrum der Konkurrenz rechnen und kann seine Chancen, den Auftrag zu erhalten, besser abschätzen. Er wird daher in der Regel seinen Angebotspreis höher festsetzen als bei Unkenntnis des Bieterkreises. Da dies für alle Bieter gilt, also auch für die besonders leistungsfähigen, ist insgesamt bei der Mehrzahl der Ausschreibungen ein höheres Preisniveau zu erwarten, als es sich ohne das Meldeverfahren ergeben würde.

Die andere Möglichkeit, daß das Meldeverfahren auch zu einer Intensivierung des Wettbewerbs führen könne, ist zwar im Einzelfall nicht völlig auszuschließen, aber insgesamt als Ausnahme anzusehen. Die Information über die Submissionsabsicht eines besonders leistungsfähigen Mitbewerbers bzw. eines Konkurrenten, der aufgrund besonders schlechter Kapazitätsauslastung dringend auf den betreffenden Auftrag angewiesen ist, können einen Anbieter veranlassen, besonders günstig zu kalkulieren und den vermuteten niedrigen Preis des Konkurrenten noch zu unterbieten. Gegen die Annahme, daß dies bei Meldeverfahren der Regelfall sei, sprechen mehrere Gründe. Ein potentieller Anbieter ohne jegliche Information über seine Mitbewerber müßte immer mit der Konkurrenz besonders leistungsfähiger Anbieter rechnen und entsprechend vorsichtig kalkulieren.

Preisabsprachen durch Anbietertransparenz

Letzte Zweifel an der wettbewerbspolitisch richtigen Interpretation der Angebotsmeldestellen dürften durch die Kenntnis ihrer Geschichte ausgeräumt werden. Sie läßt sich mindestens bis ins Jahr 1910 zurückverfolgen. In der Zeit der Kartellbewegung im alten Deutschen Reich war erklärter Zweck der Tätigkeit dieser Nachrichtenstellen die Förderung von Preisabsprachen. Dies dauerte an bis nach 1945. Zur Zeit der Geltung alliierter Dekartellierungsbestimmungen war nach den Feststellungen einer »Sonderkommission der Kriminalpolizei Hannover zur Bekämpfung illegaler Preisabsprachen in der Bauwirtschaft« im Jahr 1956 das gesamte Bundesgebiet von einem Netz von zwanzig Meldestellen überzogen, deren Arbeitsweise im wesentlichen diesem Kartellzweck gedient hat. Nach Inkrafttreten des

GWB bemühte sich das Bundeskartellamt um Abschaffung der Meldestellen. Eine förmliche Untersagung war jedoch angesichts der zunächst herrschenden Gegenstandstheorie nicht möglich, da die Meldeverfahren nach altem, inzwischen überwundenem Verständnis des Kartellverbots schon mangels vertraglich geregelter Teilnahmeverpflichtung nicht direkt angreifbar waren und der Nachweis, daß sie zur Vorbereitung von Baupreisabsprachen mißbraucht werden sollten, nicht generell, sondern nur im Einzelfall erbracht werden konnte. Die Bemühungen bestanden zunächst in der Beobachtung der Meldepraxis und in Appellen und Warnungen an die wirtschaftspolitische Verantwortung der Bauindustrie. Schon im ersten Jahr seiner Tätigkeit 1958 erkannte das Bundeskartellamt, daß die als Baumarktstatistik bezeichneten Meldeverfahren den Rahmen einer Statistik überschreiten, da sie die Bewerber vor Angebotsabgabe untereinander bekanntmachten. Die Baumeldestellen haben zwar im Zusammenhang mit Bußgeldverfahren 1973/75 wegen verbotener Submissionsabsprachen ihre Tätigkeit aufgegeben. Aber erst auf der Grundlage der Zwecktheorie konnte, um ihre Wiedereinführung zu verhindern, eine Untersagungsentscheidung mit Signalcharakter ergehen.

Falsche Terminologie

2.2.4 Torsosyndikate

Die Frage, wieweit das Kartellverbot reicht, kam auch im Zusammenhang mit Torsosyndikaten (=Ersatzlösung für ursprünglich umfassende Produktions-und Vertriebsgesellschaften) zur Erörterung. Zur Klärung solcher offenen Rechtsfragen ist das sog. objektive Verfahren (Feststellungsverfahren) nach § 37a GWB vorgesehen. Auf diese Weise können Sachverhalte unabhängig von Vorsatz oder Fahrlässigkeit der Beteiligten auf ihre objektive Vereinbarkeit mit dem

Kartellrecht geprüft werden. Vor der Kartellgesetznovelle von 1973 war dies nur in Bußgeldverfahren möglich.

Gemeinsame Verkaufsstellen ohne Andienungspflicht

Es handelt sich um den folgenden Sachverhalt: Nach Aufhebung mehrerer bundesweit tätiger Produktions- und Vertriebskartelle gründeten die betroffenen Unternehmen regionale Verkaufsgesellschaften zum gemeinsamen Vertrieb ihrer Erzeugnisse. Anders als bei den früheren Syndikaten hatten die beteiligten Unternehmen die Verpflichtung aufgegeben, ihre Ware ausschließlich an die gemeinschaftliche Verkaufsgesellschaft zu liefern. Die Überprüfung hat ergeben, daß die Ab-Werk-Preise der Gesellschafter übereinstimmen und daß diese Übereinstimmung Voraussetzung für das Funktionieren der gemeinsamen Verkaufsgesellschaft war. Wäre dies nicht so gewesen, hätte die Verkaufsgesellschaft nur bei dem jeweils billigsten Gesellschafter ihre Ware bezogen. Mit der Gründung einer solchen Verkaufsgesellschaft beschränkten daher die Gesellschafter nach Ansicht des Bundeskartellamtes ihre Freiheit zu wettbewerblicher Betätigung, weil sie in dem Umfang, in dem sie Vertragsware an die Verkaufsgesellschaft verkauften, einen einheitlichen Abgabepreis einhielten und damit zugleich den Verkaufspreis bestimmten. Die Gesellschafter einer solchen Verkaufsgesellschaft beschränkten auch ohne ausdrückliche vertragliche Vereinbarung für die über den gemeinsamen Verkauf abgesetzten Warenmengen den Preiswettbewerb.

Das Kammergericht hat die Rechtsauffassung des Bundeskartellamtes im wesentlichen bestätigt, der Bundesgerichtshof die Rechtsbeschwerde zurückgewiesen. § 1 erfaßt solche Wettbewerbsbeschränkungen, die rechtsgeschäftlichem Handeln zuzurechnen sind. Der abgeschlossene Vertrag muß allerdings ursächlich für die Wettbewerbsbeschränkung sein. Das Fehlen einer Vertragsverpflichtung zur Andienung einer Ware ist dabei unerheblich, wenn die Vertragspartner mit der gemeinsamen Einrichtung den preiskonformen Absatz bezwecken.

Gemeinsamer Handelsvertreter für „konkurrierende" Anbieter?

Nach diesen Entscheidungen suchten die Unternehmen nach neuen Kartell-(Ersatz-)formen und meinten, sie in der sog. Agentur(Handelsvertreter-)lösung gefunden zu haben. Die gemeinsame Vertriebsgesellschaft erwarb und verkaufte die Ware nicht als Eigenhändler, sondern wurde als Handelsvertreter (Agent) im Namen und für Rechnung des Lieferanten tätig. Bei dieser Lösung war das Recht der Gesellschafter, ihre Produktion auch direkt abzusetzen, gesichert. Die generelle Preissetzungsbefugnis des einzelnen Gesellschafters und das Recht zu Preisnachlässen im Einzelfall waren ebenfalls vertraglich gesichert. Nach dieser Gestaltung konnten Abnehmer, die unmittelbar vom Hersteller beziehen oder einen Sonderrabatt erhalten wollten, nicht mit der Begründung abgewiesen werden, daß dies vertraglich ausgeschlossen sei.

Ausgleich gegensätzlicher Interessen . . .

Das Bundeskartellamt war gegenüber solchen Ersatzlösungen zunächst unsicher in seiner Beurteilung, hat aber schließlich die Durchführung auch dieser Verträge untersagt. Es hat erkannt, daß das Funktionieren der Zusammenarbeit der Gesellschafter einen Ausgleich ihrer gegensätzlichen Absatzinteressen voraussetzt. Dies folgt aus der Auswirkung der Tätigkeit der Vertriebsstelle auf die Kapazitätsauslastung eines jeden einzelnen Gesellschafters. Es konnte gar nicht ausbleiben, daß die gemeinsame Verkaufsstelle, die die Ware im Namen ihrer Gesellschafter anbietet, eine einheitliche Preisliste verwendet. Ware absolut gleicher Qualität läßt sich von ein und demselben Verkäufer nicht zu unterschiedlichen Preisen verkaufen. Die dem gemeinsamen Verkauf eingeräumte Möglichkeit, Sonderrabatte zu gewähren, führte zwangsläufig zu einer Auftragslenkung bei den Lieferanten. Dem Handelsvertreterverhältnis ist die Verpflichtung immanent, die Absatzinteressen des Geschäftsherrn zu wahren. Dieser Verpflichtung der gemeinsamen Verkaufsstelle konnte die Vertriebsstelle nur dann nachkommen, wenn sie die Aufträge entsprechend einer der Kartellbehörde im einzelnen nicht näher bekannten Einigung ihrer Gesellschafter über die jeweiligen Anteile am Gesamtabsatz aller Gesellschafter verteilte, also praktisch ein Quotenkartell praktizierte.

... und gegenseitige Kontrolle

Darüber hinaus sind die von einer weiteren Tochtergesellschaft mit den Gesellschaftern und der Vertriebsgesellschaft geschlossenen Dienstleistungsverträge über gemeinsame Rechnungslegung, Inkasso und statistische Arbeiten untersagt worden. Insbesondere durch das mit diesen Verträgen geschaffene Instrument zur gegenseitigen Kontrolle der abgesetzten Warenmengen wurde der Wettbewerb beschränkt. Denn insoweit hatten sich die Hersteller einer zentralen Kontrolle unterworfen, die allen Beteiligten schnell und vor allem zuverlässig darüber Auskunft gab, ob und ggf. in welchem Umfang ein anderes Unternehmen seinen Anteil an den Lieferungen erhöht hatte. Damit wurde insbesondere den kleineren Herstellern die Möglichkeit genommen, durch Preisnachlässe oder auf andere Weise ihre Marktanteile zu erhöhen. Ähnlich wie bei reinen Marktinformationsverträgen mußte das wettbewerblich aktive Unternehmen mit sofortigen gezielten Reaktionen der anderen Anbieter rechnen. Erst in der Verhandlung vor dem Kammergericht haben die Betroffenen den gemeinschaftlichen Verkauf und das Mengenkontrollsystem aufgegeben.

Nach Bekanntgabe des Untersagungsbeschlusses haben weitere Agenturen ihre Tätigkeit als Verkaufsgesellschaften beendet. Die Mengenmeldeverfahren sind zur Vermeidung von Beanstandungen so geändert worden, daß der Absatz der einzelnen Beteiligten für andere Unternehmen nicht mehr erkennbar wird. Die Teilnehmer erfahren nur noch die Entwicklung des Gesamtabsatzes nach Sorten und Regionen. Das Bundeskartellamt hat schließlich auch durchgesetzt, daß die Finanzierung der neu gegründeten gemeinsamene Werbegesellschaften - Übernahme eines Kostenanteils entsprechend der abgesetzten Menge - nicht als Instrument einer gegenseitigen Quotenkontrolle benutzt werden darf.

2.2.5 Einkaufsvereinigungen

Mit dieser Entwicklung des Kartellrechts war im wesentlichen auch die wettbewerbsrechtliche Einordnung der Einkaufsgemeinschaften vorgezeichnet.

Die Möglichkeiten, wie Produzenten und Händler miteinander in Verbindung kommen, sind recht unterschiedlich. In der Vergangenheit waren es in erster Linie Handelsreisende, also Angestellte der Hersteller und selbständige Handelsvertreter, die gegen Provision für den Hersteller Aufträge hereinholten.

Initiative des Handels

In den vergangenen Jahrzehnten hat der Handel selbst die Initiative bei der Beschaffung der Ware ergriffen und sich in Form von Einkaufsvereinigungen immer mehr organisiert.

Der Handelsbereich allgemein, insbesondere der Konsumgüterhandel, befindet sich in einer nachhaltigen Umstrukturierung. Einmal ist dies auf die überdurchschnittliche Expansion großer Handelsunternehmen und Filialhandelssysteme zurückzuführen. Die zahlreichen kleinen Händler hatten und haben es neben ihren größeren Konkurrenten zunehmend schwer. Zum Ausgleich größenbedingter Nachteile sind Einkaufskooperationen entstanden, welche die Anpassung an veränderte Marktbedingungen erleichtern sollen. Sie können den Strukturwandel sicher nicht aufhalten, aber mildern.

Schaffung von Nachfragemacht

Im Verhältnis zur Industrie haben die Einkaufskooperationen an Stärke gewonnen. Ihre Einkaufsvolumina haben beachtliche Dimensionen erreicht. Auch Großbetriebe des Handels sind inzwischen Einkaufskooperationen beigetreten, einmal, um in den Konditionenwettbewerb ihre Nachfragemacht einzubringen, zum anderen, um sich ganz allgemein über die bestmöglichen Konditionen zu informieren, damit sie auf der Grundlage solcher Informationen durch individuelle Verhandlung noch bessere Nachlässe erhalten. Es gibt Bereiche, in denen ein sehr hoher Organisationsgrad erreicht ist. Dazu gehören der Lebensmittelhandel, die Möbelhäuser, Textilien und Bekleidung, Schuhe und Schuhwaren, Sportartikel, Hausrat, Glas, Porzellan, Eisenwaren, Unterhaltungselektronik und Spielwaren. Durch die Bündelung der Aufträge werden beträchtliche Verbesserungen der Einkaufskonditionen erzielt. Das alles ist auch kartellrechtlich nicht ohne Bedeutung. Die kartellrechtlichen Musterprozesse, die nachfolgend skizziert werden, sind im Lebensmittelbereich geführt worden.

Wenige Große gemeinsam noch mächtiger

Vier große im Lebensmitteleinzelhandel und -großhandel tätige Unternehmensgruppen hatten sich zum gemeinsamen Einkauf in einer Handelsgesellschaft, der HFGE Handelsgesellschaft Freier Groß- und Einzelhandelsbetriebe mbH, zusammengeschlossen, um mit dem Druck eines Einkaufsvolumens von über 4 Mrd DM bessere Einkaufskonditionen durchzusetzen. Diese vier Handelsgruppen haben 1979 erstmals gemeinsam festgelegt, auf welche Lieferanten sie zunächst ihre Warenbezüge konzentrieren werden. In den Einkaufsverhandlungen wurden die Lieferanten mit einheitlichen Konditionenforderungen der beteiligten Gruppen konfrontiert. Jeder Lieferant hatte jeden Beteiligten zu den günstigsten Preisen, Rabatten sowie Skonti zu beliefern, auf die zusammengefaßten Umsätze aller Beteiligten Boni zu gewähren und die Steigerung der

Umsätze zusätzlich zu honorieren. Im Verlauf solcher Verhandlungen sind die Lieferanten darauf hingewiesen worden, daß sie je nach ihrer Bereitschaft, auf die Konditionenforderungen einzugehen, künftig als A-, B- oder C-Lieferanten von allen beteiligten Gruppen einheitlich behandelt werden. Nur A-Lieferanten konnten mit der Abnahme und Verkaufsförderung ihres Sortiments durch die vier Gruppen rechnen; nicht so die B- und C-Lieferanten; hinsichtlich dieses Restsortiments sollte jegliche Verkaufsförderung durch die nachfragenden Handelsunternehmen unterbleiben.

Überdies hatten sich die Gesellschafter geeinigt, bestimmte bisher jeweils einzeln durchgeführte Funktionen nunmehr gemeinsam wahrzunehmen. Bundesweit sollten gemeinsame Werbeaktionen stattfinden. Um alle Einkaufsvorteile für die Gesellschafter zu erlangen, waren der Gesellschaft auch Eigengeschäfte gestattet. Die Gesellschaft war von ihren Gesellschaftern ermächtigt, in deren Namen Vereinbarungen mit den Lieferanten über Verkaufsförderungsmaßnahmen, z. B. sog. Aktionen und Aktionsvergütungen abzuschließen. Die Gesellschafter waren ausdrücklich berechtigt, auch über die von der Einkaufsvereinigung vermittelten Geschäfte mit den Lieferanten eigenständig nachzuverhandeln.

Kartellrechtlich unzulässig

Nach Auffassung des Bundeskartellamtes und der Gerichte ist die Praktizierung des Gemeinschaftseinkaufs dieser Art kartellrechtlich unzulässig. Typisch für diesen ersten Signalfall ist, daß an diesem Einkaufszusammenschluß nur wenige Mitglieder, jedes jedoch mit erheblicher Marktbedeutung, beteiligt waren. Wegen des Gewichts, das die Einkaufsmenge jedes einzelnen Mitglieds bei der geringen Zahl der beteiligten Unternehmen notwendigerweise hatte, konnte das von den vier Handelsgruppen bezweckte Ziel, ihre Einkaufskonditionen durch Zusammenarbeit zu verbessern, nur erreicht werden, wenn Einigkeit über die Konzentration des Einkaufs auf bestimmte Lieferanten bestand. Würde eine der Gruppen ihren Warenbedarf in wesentlichem Umfang an den Lieferanten der Einkaufsgesellschaft vorbei auf andere Lieferanten gelenkt haben, wäre die Verhandlungsposition der Einkaufskooperation erheblich geschwächt worden. Eine Wettbewerbsbeschränkung liegt auch darin, daß die Mitglieder ihrer Einkaufsgemeinschaft die Aufgabe übertragen haben, mit Lieferanten einheitliche Zusatzkonditionen, Abrechnungsmodalitäten und Lieferbedingungen auszuhandeln, also auf die Freiheit verzichten, selbst mit den Lieferanten die Konditionen und andere Modalitäten des Einkaufs zu vereinbaren. Zwar war in der Satzung auch festgelegt, daß die Gesellschafter berechtigt sind, Nachverhandlungen zu führen, also nach Abschluß der Verhandlungen zu versuchen, die Verhandlungsergebnisse noch weiter zu verbessern. Praktisch dürften sie jedoch dabei kaum erfolgreich gewesen sein. Jedenfalls beschränkt die Reduzierung des selbständigen Einkaufs der Mitglieder auf Nachverhandlungen den Wettbewerb. Gegenstand möglicher Nachverhandlungen kann nur der Versuch sein, gegenüber dem gemeinsamen Verhandlungsergebnis noch bessere Konditionen zu erzielen. Dies wird nur in seltenen Ausnahmefällen möglich sein, da angesichts der grundsätzlichen Abhängigkeit der Einkaufskonditionen vom Einkaufsvolumen die Verhandlungsposition eines einzelnen Nachfragers naturgemäß schlechter sein muß. Im übrigen würden ständige Nachverhandlungen den Zusammenhalt der Gruppe und die Effizienz des gemeinsamen Einkaufs beeinträchtigen, bzw. den Gemeinschaftseinkauf überhaupt in Frage stellen.

Bei der zweiten Entscheidung mit signalhafter Bedeutung geht es ebenfalls um eine Einkaufsvereinigung im Lebensmittelbereich; sie unterscheidet sich von der ersten durch die große Zahl ihrer Mitglieder. Das Bundeskartellamt hat der »S+T« Bundeszentrale Selex + Tania Handels AG und deren verbundene Unternehmen (S+T) im Mai 1985 ihre Tätigkeit untersagt. Die S + T-Gruppe ist eine Einkaufsvereinigung, der mehr als 100 Unternehmen des Lebensmittelgroß-und -einzelhandels angeschlossen sind. Sie entstand 1983 durch Vereinigung zweier Handelsgesellschaften und deren Tochtergesellschaften. Die angeschlossenen Unternehmen erzielten einen Umsatz von ca. 18 Mrd DM, von denen ca. 8 Mrd DM über S + T abgerechnet wurden. Die S + T hat mit mehr als 1000 Unternehmen der Lebensmittel-Industrie sowie einer noch größeren Zahl von anderen Lieferanten Liefer- und Verrechnungsabkommen abgeschlossen, in denen sich die Lieferanten verpflichteten, sämtliche Rechnungen aus dem Warengeschäft mit Anschlußunternehmen über S + T abzurechnen und dafür eine mit S + T vereinbarte Vergütung zu entrichten. Darüber hinaus führte S + T mit Lieferanten sog. Jahresgespräche, in denen die unterschiedlichsten Rabatte (z. B. Rechnungsrabatte, Umsatzsteigerungsrabatte, Werbekostenzuschüsse) vereinbart sowie Rahmenvereinbarungen über besondere Verkaufsaktivitäten (Aktionen, Börsen, Messen) getroffen wurden. Diese Rabatte mußte der Lieferant allen Anschlußunternehmen der S + T gewähren. Die von S + T mit Lieferanten vereinbarten Konditionen (Kontorkonditionen) flossen grundsätzlich den Anschlußunternehmen zu, sei es direkt als Rechnungsrabatte, sei es indirekt als nachträgliche Ausschüttung durch S + T. Die Anschlußunternehmen erarbeiteten über gewählte Vertreter in verschiedenen Ausschüssen den Rahmen für die Verhandlungen der S + T mit den Lieferanten. Über den als Kontorkonditionen von S + T festgeschriebenen Sockel hinaus konnten die Anschlußunternehmen weitere Konditionen, sog. Hauskonditionen, mit den Lieferanten aushandeln. Sie machten davon auch regelmäßig Gebrauch. Trotz-

Einkaufsmacht durch viele Kleine

dem war das S+T-Vertragssystem nach § 1 unwirksam. Die Zusammenarbeit der Anschlußunternehmen in S+T erfolgte zu dem gemeinsamen Zweck, insgesamt bessere, d.h. zusätzliche Konditionen zu erlangen. Mittel hierzu waren eine weitgehende Bündelung der Nachfrage und eine abgestimmte Sortiments- und Aktionspolitik. Zwar besteht zwischen den Anschlußunternehmen der S+T keine vertragliche Verpflichtung, sämtliche Einkäufe auf der Basis der Gruppenabkommen abzuwickeln oder die Warenbezüge auf Gruppenlieferanten zu beschränken. Die von S+T ausgehandelten Konditionen führten jedoch bei den Anschlußunternehmen aus eigenen wirtschaftlichen Interessen zu einem weitgehend solidarischen Verhalten. Dabei wurde der Anreiz zur Teilnahme an den Gruppenaktivitäten noch dadurch verstärkt, daß ein Teil der Kontorkonditionen von der S+T nach Maßgabe einer am Verrechnungsumsatz orientierten Staffel ausgeschüttet wurde. Eine Beschränkung der Handlungsfreiheit lag bereits darin, daß die Anschlußunternehmen wesentliche Teile ihrer Einkaufsverhandlungen nicht mehr selbst führte, sondern von der S+T führen ließen.

Beschränkung der Anbieter

Im übrigen führt das S+T-Vertragssystem auch zu einer Beschränkung der wettbewerblichen Handlungsfreiheit der Marktgegenseite. Den Lieferanten war der Absatz an Anschlußunternehmen nur noch zu einheitlichen Grundbedingungen möglich. Ihre Absatzchancen hingen wesentlich davon ab, daß sie mit S+T ein Liefer- und Verrechnungsabkommen abschlossen. Angesichts der für S+T insgesamt genannten Umsatzgrößen (18 Mrd DM Gesamtumsatz der Mitglieder, 8 Mrd DM Verrechnungsumsatz) und der Beteiligung großer Handelsunternehmen an dem Vertragssystem gab es keinen Zweifel, daß der Markt durch die wettbewerbbeschränkende Tätigkeit der S+T spürbar beeinflußt wurde.

Das Kammergericht hat die Untersagung bestätigt; die Rechtsbeschwerde gegen die Entscheidung des Kammergerichts ist zurückgezogen worden. Nach Auffassung des Kammergerichts ist auch eine nur teilweise Verlagerung der Einkaufsverhandlungen der in Einkaufsgemeinschaften zusammengefaßten Unternehmen auf ein gemeinsames Organ eine Beschränkung des Nachfragewettbewerbs, da die beteiligten Unternehmen durch ihre Zusammenarbeit keine selbständigen wettbewerblichen Absatzalternativen für die Lieferanten mehr sind. Das S + T-System bewirkte, daß der von S + T mit den Lieferanten ausgehandelte Konditionensockel in möglichen individuellen Einkaufsverhandlungen nicht mehr unterschritten werden konnte. Der S + T-Einkaufspreis hatte somit die Bedeutung eines verbindlichen Höchstpreises.

Mittelstands-kartelle?

Diese beiden Entscheidungen haben die Mittelstandspolitiker aller Parteien alarmiert und mit dazu beigetragen, die Diskussion um eventuelle Änderungen des Kartellgesetzes anzuheizen. Im Interesse der kleinen und mittleren Handelsunternehmen, so wird argumentiert, sei die Kooperation im Einkauf existenznotwendig. Nur auf diese Weise könnten die Vorteile, die sich Großunternehmen im Handel durch ihr Nachfragevolumen verschaffen, ausgeglichen werden. Dieser Nachteilsausgleich sei eines der wesentlichen Mittel, eine mittelstands- und wettbewerbsfreundliche Handelsstruktur zu erhalten. Die einzelnen Kooperationen seien überdies im Interesse der Nachfrager erwünscht. Der lebhafte Wettbewerb auf der Handelsstufe sorge dafür, daß die im Einkauf durch Zusammenschluß erlangten Vorteile an die Verbraucher weitergegeben werden müssen.

Zwar ist die wirtschaftspolitische Diskussion über die Änderung des Kartellrechts noch im vollen Gange, aber man kann vorhersehen, daß der Gesetzgeber sich positiv über die Einkaufszusammenschlüsse äußern wird. Dies allein wird jedoch nicht genügen. Deshalb wird klargestellt werden müssen, daß sich an einer Einkaufsvereinigung nur kleine und mittlere Unternehmen beteiligen dürfen und daß die durch Zusammenschluß erreichte Nachfragemacht den Wettbewerb auf den Beschaffungsmärkten und die Wettbewerbsfreiheit der Produzenten, sehr oft ebenfalls mittelständische Unternehmen, nicht wesentlich beschränken darf.

2.2.6 Durchsetzung des Kartellverbots

Keine Straftat

Verstöße gegen das deutsche Kartellrecht sind ohne Rücksicht auf ihre Schwere ausnahmslos als Ordnungswidrigkeiten eingestuft (§ 38 GWB), nicht als Straftaten. Die Unterscheidung zwischen Straftatbestand und Ordnungswidrigkeit ist gerade auf diesem Rechtsgebiet problematisch. Ordnungswidrigkeiten sollten nicht generell als das geringere Unrecht angesehen werden. Durch Preis- und Quotenabsprachen, Lieferverweigerung, Diskriminierung u. a. können Konkurrenten, Abnehmer, Lieferanten und Verbraucher empfindlicher geschädigt werden als durch Diebstahl und Betrug. Darüberhinaus wird die Funktionsfähigkeit der marktwirtschaftlichen Ordnung in Frage gestellt.

Ermittlungstätigkeit der Kartellbehörden

Zur Verfolgung der im GWB normierten Ordnungswidrigkeiten sind die Kartellbehörden zuständig. Sie haben grundsätzlich dieselben Rechte und Pflichten wie die Staatsanwaltschaft. Es gelten sinngemäß die Vorschriften der allgemeinen Gesetze über das Strafverfahren, insbesondere die StPO und das Gerichtsverfassungsgesetz. Die Kartellbehörden können, soweit es zur Erfüllung ihrer gesetzlichen Aufgaben erforderlich ist, von Unternehmen und Unternehmensvereinigungen Auskunft verlangen und

Durchsuchungen vornehmen (§ 46 GWB). Durchsuchungen dürfen nur auf Anordnung des Amtsrichters durchgeführt werden.

Große Durchsuchungsaktionen werden generalstabsmäßig vorbereitet und durchgeführt. Beamte des Bundeskartellamtes, der Landeskartellbehörden und zur personellen Verstärkung Beamte örtlicher Kriminalpolizeidienststellen erscheinen gleichzeitig zur Durchsuchung in den Unternehmen. Werden bei der Durchsuchung Beweismittel gefunden, so sind sie sicherzustellen. Werden die Gegenstände nicht freiwillig herausgegeben, so sind sie zu beschlagnahmen. Auch die Beschlagnahme muß von einem Richter vorher angeordnet oder nachträglich binnen drei Tagen bestätigt werden. Durchsuchungen brauchen sich nicht auf die Geschäftsräume zu beschränken, sondern können sich auch auf Privaträume, Fahrzeuge und deren Kofferraum sowie auf den Inhalt der Taschen erstrecken. Der Umfang der Durchsuchung muß im Durchsuchungsbefehl angegeben sein. Personen können durchsucht werden, wenn sie als Täter oder Teilnehmer einer Ordnungswidrigkeit verdächtig sind. In unendlicher Kleinarbeit werden die beschlagnahmten Unterlagen ausgewertet, der Verdacht und die Gründe den Beschuldigten mitgeteilt. Die Betroffenen haben durch ihre Anwälte die Möglichkeit, die Amtsakten und Beweismittel einzusehen und sich dazu zu äußern. Gegen Geldbußen des Bundeskartellamtes ist der Einspruch zum Kammergericht in Berlin zulässig.

Bußgeldverfahren betreffen hauptsächlich die Praktizierung heimlicher Kartellvereinbarungen. Diese reichen von mehr oder weniger gut organisierten Geheimkartellen, Baupreisabsprachen (Submissionsvereinbarungen) über Preismeldestellen bis zu gelegentlichen, sporadischen Absprachen von Einzelpreisen und zur gemeinsamen Einschränkung von Sonderrabatten. Eine Ordnungswidrigkeit begeht auch, wer untereinander abgestimmtes Verhalten praktiziert und wer durch Empfehlung oder durch Androhung von Nachteilen/Versprechen von Vorteilen daran mitwirkt, daß Ordnungswidrigkeiten begangen werden. Verboten sind auch bestimmte Liefer- und Bezugssperren und die diskriminierende Behandlung gleichartiger Abnehmer oder Lieferanten durch marktbeherrschende und marktstarke Unternehmen oder Kartelle.

Aufsichtspflicht

Im Ordnungswidrigkeitenrecht kommen als Täter nur natürliche Personen in Betracht. Die Brücke von den natürlichen Personen zum Unternehmen besteht darin, daß Personen als gesetzliche oder satzungsgemäße Vertreter für das Unternehmen handeln. Je größer ein Unternehmen, desto seltener ist dieser Personenkreis selbst an Ordnungswidrigkeiten beteiligt. Es handeln in aller Regel Vertretungsberechtigte oder Beauftragte einfacheren Grades. Es ist deshalb leicht einzusehen, daß bei dezentralisiert geführten Unternehmen an die Aufsichtspflicht der Organe besondere Anforderungen gestellt werden müssen. Die Vernachlässigung der Aufsichtspflicht ist deshalb ein selbständiger Bußgeldtatbestand. Wer als Inhaber eines Betriebes oder Unternehmens vorsätzlich oder fahrlässig die Aufsichtsmaßnahmen unterläßt, die erforderlich sind, um in dem Betrieb Zuwiderhandlungen gegen Pflichten zu verhindern, die den Inhaber als solchen treffen und deren Verletzung mit Strafe oder Geldbuße bedroht ist, handelt ordnungswidrig, wenn eine Zuwiderhandlung begangen wird, die durch gehörige Aufsicht hätte verhindert werden können.

Beste Adressen

Als Organ tätige Personen können durch ihr Verhalten durchaus auch als Mittäter bei der Verwirklichung von Kartellordnungswidrigkeiten zur Verantwortung gezogen werden. Selbst wenn sie sich nicht durch eigenes Handeln an der Durchführung der Absprachen im einzelnen beteiligt haben, können sie einen

Tatbeitrag geleistet haben, der über eine bloße Aufsichtspflichtverletzung hinausgeht. Der Bundesgerichtshof hat in einer Entscheidung dazu Ausführungen gemacht. Unterläßt ein Vorstandsmitglied bewußt Aufsichtsmaßnahmen, die geboten sind, weil die Gefahr von Zuwiderhandlungen besonders groß ist, dann wird auch bei ihm zu prüfen sein, ob er sich nicht an der Zuwiderhandlung beteiligt hat. Rechnet ein im Vorstand Verantwortlicher mit dem Abschluß von Absprachen und nimmt er diese zumindest billigend in Kauf, dann kommt es nicht darauf an, ob ihm im einzelnen bekannt ist, bei welchen Objekten und mit welchen anderen Unternehmen die Absprachen getroffen wurden. Er kann als Mittäter zur Verantwortung gezogen werden. Als Indiz für einen Beteiligungsvorsatz könnte gelten, daß ein Vorstandsmitglied jegliche Aufsichtsmaßnahmen besonders nach Bekanntwerden von Verstößen größeren Umfangs in seinem Verantwortungsbereich unterlassen hat. Man wird in manchen Fällen davon ausgehen und nachweisen können, daß Vorstandsmitglieder Kenntnis von der Absprachepraxis in ihrem Unternehmensbereich hatten und keinerlei wirksame Maßnahmen ergriffen haben, um diese Absprachen zu unterbinden. Die Mitarbeiter durften daraus schließen, daß Gesetzesverstöße um bestimmter Vorteile willen von der Unternehmensführung hingenommen werden.

Über die Aufsichtspflichtverletzung oder Mittäterschaft eines Unternehmensorgans wird nun direkt eine Brücke zum Unternehmen selbst geschlagen. Hat jemand als Vertretungsberechtigter selbst eine solche Ordnungswidrigkeit begangen, wodurch das Unternehmen einen Vorteil erlangt hat oder erlangen sollte, so kann gegen das Unternehmen als Nebenfolge eine Geldbuße festgesetzt werden. Die Geldbuße bestimmt sich nach dem für die Ordnungswidrigkeit angedrohten Höchstmaß, also bis zu einer Million Deutscher Mark und über diesen Betrag hinaus bis zur dreifachen Höhe des durch die Zuwider-

Kartellwächters Wunschtraum *Handelsblatt: Bensch*

handlung erlangten Mehrerlöses. Die Höhe des Mehrerlöses kann geschätzt werden.

Kartellgespräche jenseits der Grenzen

Die Schwierigkeiten bei der Aufdeckung und Verfolgung von Wettbewerbsbeschränkungen, die außerhalb der Bundesrepublik veranlaßt worden sind, sich aber im Geltungsbereich des Kartellgesetzes auswirken, sind besonders groß. Rechtlich gilt: Vereinbarungen auch ausländischer Hersteller allein oder mit deutschen Unternehmen oder deutscher Unternehmen im Ausland, die den Wettbewerb auf dem deutschen Markt beschränken, sind nach deutschem Kartellrecht unwirksam und, wenn sie praktiziert werden, ordnungswidrig. Inländische Tochtergesellschaften, Handelsunternehmen und Vertreter oder Agenturen, die auf Weisung ihrer ausländischen Geschäftsherren Kartellpreise in der Bundesrepublik fordern, unterliegen ebenfalls der Bußgelddrohung des deutschen Kartellrechts. Die Frage, ob gegen ausländische Unternehmen festgesetzte Geldbußen in das Vermögen ihrer inländischen Tochtergesellschaften vollstreckt werden können, brauchte noch nicht entschieden zu werden, weil von Bußgeldverfahren betroffene ausländische Unternehmen ihren in der Bundesrepublik Deutschland ansässigen Verkaufsniederlassungen das Recht zur autonomen Preisbildung eingeräumt und ihm entgegenstehende vertragliche Bindungen aufgehoben haben.

Gegen internationale Absprachen

Im Wettbewerb auf den Weltmärkten besteht die Versuchung, Heimatschutzabkommen und darüber hinaus die Respektierung von Interessensphären zu vereinbaren. Um solche u. ä. Abkommen wirksamer bekämpfen zu können, haben Regierungen im Rahmen der OECD und UNCTAD die Kooperation ihrer Behörden durch Konsultation, Information und Amtshilfe bei der Aufklärung und Verfolgung grenzüberschreitender Wettbewerbsbeschränkungen vereinbart.

2.3 Die Kontrolle von Unternehmenszusammenschlüssen

2.3.1 Konzentration, ein umstrittenes Thema

20 Jahre heftige Auseinandersetzungen

Möglichkeiten zur Kontrolle der wirtschaftlichen Konzentration enthält das Kartellgesetz erst seit der Novelle 1973. Die Einführung der Zusammenschlußkontrolle (Fusionskontrolle) stand am Ende einer mehr als 20jährigen rechtspolitischen Diskussion, denn Bestrebungen zur Überwachung der Konzentration fanden bereits im Kartellgesetzentwurf von 1952 einen Niederschlag. Jener Entwurf scheiterte jedoch in den parlamentarischen Beratungen. Die Konzentration der Unternehmen wurde sehr kontrovers diskutiert. Ihre Vor- und Nachteile, die Wirksamkeit rechtlicher Eingriffe zur Verhinderung unerwünschter Konzentration oder doch wenigstens die Verhinderung nicht gewollter Nebenwirkungen wurden sehr unterschiedlich beurteilt. Immer wieder

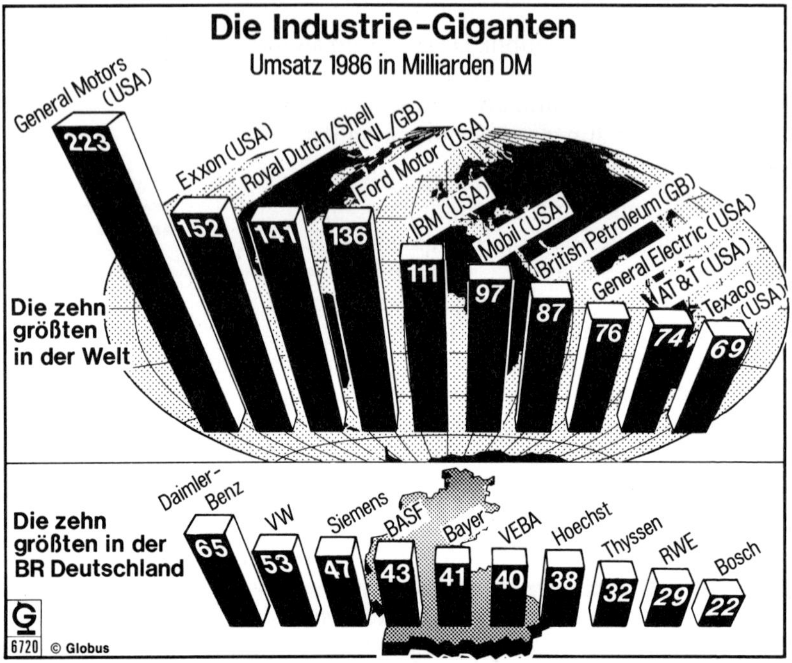

Multinationale Unternehmen sollten sich auf Verhaltenskodizes verpflichten und bei ernsthaften Beschwerden überprüfen lassen.

wurde behauptet, Konzentration sei um des technischen Fortschritts und der internationalen Wettbewerbsfähigkeit der Unternehmen willen notwendig. Unbestritten sollte jedoch sein, daß Konzentration zur Vermachtung der Märkte und zum Erliegen des Wettbewerbs führen kann. Aus dieser Erkenntnis hat der Gesetzgeber die Folgerung gezogen, daß unter bestimmten Voraussetzungen im Interesse der Allgemeinheit Schranken erforderlich sind, um die Entwicklung zu steuern. Eine übermäßige Zusammenballung von ökonomischer Macht hat negative Einflüsse nicht nur auf die Funktionsweise der Märkte, sondern auch auf die demokratischen Qualitäten eines freiheitlichen politischen Systems.

Konzentrationskontrolle: ein Novum im Recht

Die Kontrolle von Unternehmenszusammenschlüssen ist ein Novum in der deutschen Gesetzesgeschichte. Für die Funktionsfähigkeit einer Marktwirtschaft ist die Garantie eines möglichst weiten Freiheitsraumes für wirtschaftliche Betätigung in jeder Form essentielle Voraussetzung. Dies scheint auch die Möglichkeit der Unternehmen zu umfassen, andere Unternehmen zu kaufen oder sich an solchen zu beteiligen. Konzentration kann aber die Funktionsfähigkeit des Wettbewerbs beeinträchtigen. In solchen Fällen besteht zwischen einzel-und gesamtwirtschaftlichem Interesse ein Konflikt, den man im 19. Jahrhundert nach den damals herrschenden Theorien zweifellos zugunsten des einzelwirtschaftlichen Interesses gelöst hätte. Heute hat sich die Erkenntnis durchgesetzt, daß die Grenzen für den persönlichen Freiheitsraum auch von Unternehmen dort gezogen sein müssen, wo das gesamtwirtschaftliche Interesse dies verlangt. Das Freiheitsargument gegen jede Form von Konzentrationskontrolle wird nur noch selten verwendet. Dafür wird mehr das Welfare-Argument strapaziert. Kurz kann es auf die Formel gebracht werden: Konzentration liege im gesamtwirtschaftlichen Interesse, weil nur Großunternehmen den technischen Fortschritt förderten und nur sie im internationalen Wettbewerb bestehen könnten. Solche Behauptungen werden immer wiederholt, obwohl schon sehr viel Kritisches von der Wissenschaft und von der Wirtschaftsforschung dazu gesagt worden ist.

Untersagung eines Zusammenschlusses

Auch der deutsche Gesetzgeber hat sich vor der 2. Kartellgesetznovelle mit diesen Argumenten auseinandergesetzt und mit der Einführung der Fusionskontrolle seine Antwort gegeben: nach dem GWB untersagt das Bundeskartellamt einen Zusammenschluß, wenn zu erwarten ist, daß durch ihn eine marktbeherrschende Stellung entsteht oder verstärkt wird. Das gilt nicht, wenn die beteiligten Unternehmen nachweisen, daß durch den Zusammenschluß

Die 20 Größten Westeuropas

HAMBURG, 3. Januar (dpa/vwd). Die 20 größten Unternehmen Westeuropas auf der Basis ihrer Umsatzzahlen von 1986 sind nach Berechnungen der Commerzbank AG, Frankfurt:

Unternehmen	Sitz	Umsatz 1986 in Milliarden DM
1. Royal Dutch/ Shell-Gruppe	Den Haag/ London	130,23
2. British Petroleum	London	80,05
3. Daimler-Benz	Stuttgart	65,50
4. IRI	Rom	64,94
5. Volkswagen	Wolfsburg	52,79
6. Unilever	Rotterdam/London	49,18
7. Philips	Eindhoven	48,90
8. Siemens	München	47,02
9. ENI	Rom	46,40
10. Nestlé	Vevey	45,82
11. BASF	Ludwigshafen	43,08
12. Bayer	Leverkusen	40,75
13. Fiat	Turin	40,47
14. Electricité de France	Paris	40,11
15. VEBA	Düsseldorf	38,43
16. Hoechst	Frankfurt	38,01
17. Renault	Boulogne	36,66
18. Elf Aquitaine	Courbevoie	35,88
19. Electricity Council	London	32,75
20. Thyssen	Duisburg	32,00

Verbesserungen der Wettbewerbsbedingungen eintreten und diese Verbesserungen die Nachteile der Marktbeherrschung überwiegen. Wenn im Einzelfall die Wettbewerbsbeschränkung von gesamtwirtschaftlichen Vorteilen des Zusammenschlusses aufgewogen wird oder durch ein überragendes Interesse der Allgemeinheit gerechtfertigt ist, kann der Bundeswirtschaftsminister die Erlaubnis zu einem Zusammenschluß erteilen, den das Bundeskartellamt zuvor untersagt hat. Der Gesetzgeber hat die Notwendigkeit der Konzentrationskontrolle anerkannt und den Kontrollbehörden den Auftrag erteilt, Zusammenschlüsse, die zur Marktbeherrschung führen oder sie verstärken, nur ausnahmsweise unter ganz bestimmten, engen Voraussetzungen hinzunehmen.

Hohe Konzentration

Erfolg oder Mißerfolg der Konzentrationskontrolle in der Bundesrepublik Deutschland kann für die Weiterentwicklung der Wirtschaftsordnung entscheidend sein. Der Stand der Konzentration in der Bundesrepublik ist nicht gering und aufs Ganze gesehen in den letzten Jahren auch nicht zurückgegangen. Innerhalb der Europäischen Wirtschaftsgemeinschaft befindet sich die Bundesrepublik sowohl hinsichtlich der Beschleunigung der Unternehmenskonzentration als auch hinsichtlich des Konzentrationsgrades in einer Spitzenposition. In einigen Wirtschaftsbereichen kann sich die Konzentration schon nicht mehr weiter fortsetzen, weil auf nationaler Ebene monopolistische Situationen entstanden sind. Die Europäisierung der Märkte trifft hier auf Schranken. Immerhin ist die Öffnung der nationalen Märkte für den internationalen Wettbewerb ein wirksames Mittel, nationale Machtpositionen zu neutralisieren. Flankiert werden müssen solche Anstrengungen durch eine intensive übernationale Kartellpolitik, damit nicht nationale Monopole durch grenzübergreifende wettbewerbbeschränkende Absprachen die Integration der Märkte unterlaufen.

Trotzdem wirksamer Wettbewerb

Über die Wirksamkeit des Wettbewerbs sagen Konzentrationsstatistiken allein wenig aus. Selbst wenn wir den Konzentrationsgrad genau berechnen könnten, wüßten wir damit noch nicht genügend über die Wettbewerbsintensität, vielleicht mit der Ausnahme der reinen Monopolmärkte und besonders enger Oligopole bei relativ homogener Massenware. Slogans wie »Der Wettbewerb ist tot«, »Die Marktwirtschaft liegt in den letzten Zügen«, sind Glaubensbekenntnisse und keine auf Tatsachen gestützten Informationen. In keiner Zeit der deutschen Wirtschaftsgeschichte sind vom Gesetzgeber für die Entfaltung wirksamen Wettbewerbs günstigere Chancen geschaffen worden. Hoffen wir für die Zukunft, daß diese Chancen nicht durch Konzentration und Wettbewerbsbeschränkungen anderer Art und auch nicht durch eine lasche Wettbewerbspolitik verspielt werden. Das Wettbewerbsgetriebe verträgt zwar eine gehörige Portion von Wettbewerbsbeschränkungen und Konzentration, ohne daß gleich irreparable Schäden auftreten.

Glaubwürdigkeit der Ordnungspolitik

Wettbewerbsbeschränkungen und Konzentration können jedoch auch die Glaubwürdigkeit der Wirtschaftsordnung zerstören. Es ist notwendig, übermäßige Konzentration ganz konsequent zu bekämpfen. Dies ist nicht nur eine Aufgabe der Kartellbehörden, sondern auch der Politik. Änderungen des Kartellgesetzes werden früher oder später ebenfalls notwendig werden. Wie rasch und in welcher Form das Gesetz novelliert wird, hängt nicht nur von der weiteren Verbreitung der Einsicht in die Bedeutung des Wettbewerbs für die marktwirtschaftliche Gesamtordnung ab, sondern auch von dem Verhalten aller, die am wirtschaftlichen Geschehen, gleichgültig in welcher Weise, beteiligt sind.

Das Bundeskartellamt und die Großfusion *Handelsblatt: Bensch*

2.3.2 Die rechtlichen Grundlagen der Fusionskontrolle

Mit den im Gesetz gegen Wettbewerbsbeschränkungen enthaltenen Vorschriften über die Kontrolle von Unternehmenszusammenschlüssen kann lediglich das Fortschreiten der Unternehmenskonzentration kontrolliert werden. Eingriffe in bereits bestehende Unternehmensverbindungen sind nicht möglich. Sie werden, obwohl auch nach Meinung der Monopolkommission auf einer Reihe gesamtwirtschaftlich wichtiger Märkte ein Mindestmaß funktionsfähigen Wettbewerbs nicht mehr besteht, zur Zeit von keiner für die Gesetzgebung maßgebenden politischen Gruppe für notwendig gehalten. Im folgenden werden die Grundzüge der Fusionskontrolle dargestellt.

Zusammenschlußformen

Was ist ein Zusammenschluß?

Als Zusammenschluß im Sinne des GWB gelten (§23 Abs. 2): Der Vermögenserwerb ganz oder zu einem wesentlichen Teil (Unternehmensverschmelzung, -umwandlung); Anteilserwerb (auch Gründung eines Gemeinschaftsunternehmens), wenn die Anteile mindestens 25 v.H. des stimmberechtigten Kapitals erreichen; Konzernbildung oder Konzernerweiterung; Betriebsüberlassungs- und Gewinnabführungsverträge; persönliche Verflechtungen von mindestens der Hälfte der Mitglieder des Aufsichtsrats, des Vorstandes oder eines sonstigen zur Geschäftsführung berufenen Organs von Unternehmen; jede sonstige Verbindung von Unternehmen, aufgrund derer ein Unternehmen unmittelbar oder mittelbar einen beherrschenden Einfluß auf ein anderes Unternehmen ausüben kann oder eine Rechtsstellung erlangt, die einem 25 %igen Kapitalanteil gleichkommt.

Was ist dem Bundeskartellamt wann mitzuteilen?

Nachträgliche Anzeigepflicht

Um den Kartellbehörden die Kontrolltätigkeit zu ermöglichen, sind Unternehmenszusammenschlüsse dem Bundeskartellamt anzuzeigen, wenn ein beteiligtes Unternehmen im Bundesgebiet oder auf einem wesentlichen Teil desselben einen Marktanteil von 20 v.H. hat oder durch den Zusammenschluß erreicht oder wenn die beteiligten Unternehmen insgesamt Umsätze von 500 Mio DM erlösen oder mindestens 10.000 Beschäftigte haben. Im Falle einer Pressefusion löst bereits der Umsatz von 25 Mio DM die Anzeigepflicht aus. Für diese Berechnungen werden Konzernunternehmen, abhängige und herrschende Unternehmen als einheitliches Unternehmen angesehen. Alle für diese Berechnungen notwendigen Unternehmensangaben sind der Kartellbehörde mitzuteilen.

Präventive Anmeldepflicht

Die Fusionskontrolle erfaßt vollzogene Zusammenschlüsse, die unverzüglich anzuzeigen sind, und Zusammenschlußvorhaben. Ein Zusammenschlußvorhaben muß angemeldet werden, wenn sich am Zusammenschluß ein Unternehmen mit 2 Mrd Umsatz oder mehr beteiligt oder wenn zwei Unternehmen mit je 1 Mrd Umsatz daran beteiligt sind. Auch der Staat ist der vorbeugenden Zusammenschlußkontrolle unterworfen, wenn nämlich ein Zusammenschluß durch Gesetz oder sonstigen Hoheitsakt bewirkt werden soll.

Die Vollständigkeit der Anmeldung ist insofern von Bedeutung, als sie Fristen in Gang setzt.

Das Bundeskartellamt darf nur innerhalb einer Frist von vier Monaten das Zusammenschlußvorhaben untersagen. Ein lediglich nachträglich anzeigepflichtiger Zusammenschluß darf von der Kartellbehörde binnen einer Frist von einem Jahr untersagt werden. Diese Fristen können im Einvernehmen mit den beteiligten Unternehmen verlängert werden. Ist ein Zusammenschlußvorhaben anzumelden, so ist es unzulässig, ihn vor Ablauf der genannten Frist zu vollziehen. Rechtsgeschäfte, die gegen dieses Verbot verstoßen, sind unwirksam (Ausnahme: Zusammenschlußtatbestände, die durch Registereintragung rechtswirksam geworden sind).

Welche Fälle sind von der Zusammenschlußkontrolle ausgenommen?

Nicht jeder anzeigepflichtige Zusammenschluß unterliegt der behördlichen Kontrolle. Von vornherein ausgeschlossen sind drei Fälle (§ 24 Abs. 8), a) wenn die beteiligten Unternehmen insgesamt weniger als 500 Mio DM Umsatz erlösen; b) soweit ein Markt betroffen ist, auf dem weniger als 10 Mio DM umgesetzt wurden; c) wenn ein Unternehmen mit weniger als 50 Mio DM Jahresumsatz sich einem anderen Unternehmen anschließt. Hat das aufnehmende Unternehmen Umsatzerlöse von mindestens 1 Mrd. DM und das andere Unternehmen mindestens 4 Mio DM, dann unterliegt der Zusammenschluß wie alle anderen nicht von der Toleranzklauseln erfaßten Zusammenschlüsse dem Kontrollverfahren.

Wann untersagt das Bundeskartellamt einen Zusammenschluß?

Ministererlaubnis

Das Bundeskartellamt untersagt einen Zusammenschluß, wenn zu erwarten ist, daß eine marktbeherrschende Stellung entsteht oder verstärkt wird, es sei denn, daß durch den Zusammenschluß auch Verbesserungen der Wettbewerbsbedingungen eintreten, die die Nachteile der Marktbeherrschung überwiegen (§ 24). Schon an dieser Formulierung wird ersichtlich, daß nach dem deutschen Wettbewerbsrecht Zusammenschlüsse sogar von großen Unternehmen nicht unter allen Umständen als volkswirtschaftlich schädlich verurteilt werden. Wenn vom Bundeskartellamt ein Zusammenschluß untersagt worden ist, kann ihn der Bundesminister für Wirtschaft aus überragenden Interessen der Allgemeinheit erlauben. Der Bundesminister für Wirtschaft hat in Fällen, die ihm zur Entscheidung vorliegen, eine gutachtliche Stellungnahme der Monopolkommission einzuholen (§ 24b Abs. 5).

§ 24 (Kontrolle von Zusammenschlüssen)

(1) Ist zu erwarten, daß durch einen Zusammenschluß eine marktbeherrschende Stellung entsteht oder verstärkt wird, so hat die Kartellbehörde die in den folgenden Bestimmungen genannten Befugnisse, es sei denn, die beteiligten Unternehmen weisen nach, daß durch den Zusammenschluß auch Verbesserungen der Wettbewerbsbedingungen eintreten und daß diese Verbesserungen die Nachteile der Marktbeherrschung überwiegen.

(2) Liegen die Voraussetzungen des Absatzes 1 vor, so untersagt das Bundeskartellamt den Zusammenschluß. Das Bundeskartellamt darf einen Zusammenschluß untersagen, sobald

ihm das Vorhaben des Zusammenschlusses bekanntgeworden ist; vollzogene Zusammenschlüsse darf das Bundeskartellamt nur innerhalb einer Frist von einem Jahr seit Eingang der vollständigen Anzeige nach § 23 untersagen; § 24a Abs. 2 Satz 2 Nr. 1 und 5 bis 6 gilt entsprechend. Vor einer Untersagung ist den obersten Landesbehörden, in deren Gebiet die beteiligten Unternehmen ihren Sitz haben, Gelegenheit zur Stellungnahme zu geben. Hat das Bundeskartellamt die Verfügung nach Satz 1 erlassen, so ist es unzulässig, den Zusammenschluß ohne Erlaubnis des Bundesministers für Wirtschaft zu vollziehen oder am Vollzug des Zusammenschlusses mitzuwirken; Rechtsgeschäfte, die gegen dieses Verbot verstoßen, sind unwirksam; dies gilt nicht für Verträge über die Verschmelzung, Umwandlung, Eingliederung oder Gründung eines Unternehmens und für Unternehmensverträge im Sinne der §§ 291 und 292 des Aktiengesetzes, sobald sie durch Eintragung in das Handelsregister oder in das Genossenschaftsregister rechtswirksam geworden sind. Ein vollzogener Zusammenschluß, den das Bundeskartellamt untersagt hat, ist aufzulösen, wenn nicht der Bundesminister für Wirtschaft die Erlaubnis zu dem Zusammenschluß erteilt.

(3) Der Bundesminister für Wirtschaft erteilt auf Antrag die Erlaubnis zu dem Zusammenschluß, wenn im Einzelfall die Wettbewerbsbeschränkung von gesamtwirtschaftlichen Vorteilen des Zusammenschlusses aufgewogen wird oder der Zusammenschluß durch ein überragendes Interesse der Allgemeinheit gerechtfertigt ist; hierbei ist auch die Wettbewerbsfähigkeit der beteiligten Unternehmen auf Märkten außerhalb des Geltungsbereiches dieses Gesetzes zu berücksichtigen. Die Erlaubnis darf nur erteilt werden, wenn durch das Ausmaß der Wettbewerbsbeschränkungen die marktwirtschaftliche Ordnung nicht gefährdet wird. Die Erlaubnis kann mit Beschränkungen und Auflagen verbunden werden. Diese dürfen sich nicht darauf richten, die beteiligten Unternehmen einer laufenden Verhaltenskontrolle zu unterstellen.

§ 24a (Anmeldung von Zusammenschlußvorhaben)

(1) Das Vorhaben eines Zusammenschlusses kann beim Bundeskartellamt angemeldet werden. Das Vorhaben ist beim Bundeskartellamt anzumelden, wenn

1. eines der am Zusammenschluß beteiligten Unternehmen im letzten abgeschlossenen Geschäftsjahr Umsatzerlöse von mindestens zwei Milliarden Deutscher Mark hatte oder
2. mindestens zwei der am Zusammenschluß beteiligten Unternehmen im letzten abgeschlossenen Geschäftsjahr Umsatzerlöse von jeweils einer Milliarde Deutscher Mark oder mehr hatten oder
3. der Zusammenschluß nach Landesrecht durch Gesetz oder sonstigen Hoheitsakt bewirkt werden soll.

Ein sehr kompliziertes Gesetz

Rechtsmittel

Akzeptieren die Unternehmen die Untersagung durch das Bundeskartellamt oder die Entscheidung des Bundeswirtschaftsministers nicht, können sie dagegen Beschwerde beim Kammergericht (= Oberlandesgericht in Berlin) einlegen. Wird die Untersagungsentscheidung unanfechtbar, dann leitet das Bundeskartellamt die zur Auflösung des Zusammenschlusses erforderlichen Maßnahmen ein. Letzte Instanz ist auch für dieses Verfahren der Bundesgerichtshof.

In welcher Weise erleichtert das Gesetz die Prüfung eines Zusammenschlusses?

Die Fusionskontrolle knüpft wie die Mißbrauchsaufsicht nach § 22 an den Begriff der marktbeherrschenden Stellung an. Bei der Mißbrauchsaufsicht sind jedoch im Falle oligopolistischer Unternehmen Probleme entstanden. Nach derzeitiger Gesetzeslage ist das Wettbewerbsverhalten der oligopolistischen Unternehmen untereinander relevant. Es sind deshalb »wettbewerbslose Oligopole« (= marktbeherrschende Oligopole) von den nichtmarktbeherrschenden zu unterscheiden. Diese Betrachtung entspricht jedoch nicht dem strukturbezogenen Ansatz der Fusionskontrolle.

Gesetzliche Marktbeherrschungsvermutung ...

Das Gesetz stellt deshalb bei gewichtigen, besonders engen Oligopolen nicht mehr auf den Wettbewerb innerhalb der Oligopolgruppe ab. Für die Zusammenschlußkontrolle gelten deshalb als marktbeherrschend

a) die drei oder zwei größten Unternehmen, wenn sie mindestens 50 v. H. Marktanteil haben,
b) die fünf oder vier größten mit einem Marktanteil von insgesamt zwei Dritteln,

es sei denn, die Unternehmen weisen nach, daß die Wettbewerbsbedingungen auch nach dem Zusammenschluß zwischen ihnen wesentlichen Wettbewerb erwarten lassen. Auch diese Vermutungen gelten nicht in jedem Fall (vgl. § 23a Abs. 2 und die dort genannten quantitativen Kriterien). Damit sollte klargestellt werden, daß es für die Fusionskontrolle auf die längerfristigen strukturellen Wirkungen ankommt, die von Unternehmenszusammenschlüssen ausgehen, nicht aber auf das aktuelle, möglicherweise nur kurzfristige Wettbewerbsverhalten zwischen oligopolistischen Unternehmen.

... auch für vertikale und konglomerate Zusammenschlüsse

Zur Erschwerung der Zusammenschlüsse mit Wirkungen auf vor- und nachgelagerten Märkten (vertikale Konzentration) und auf anderen, weder horizontal noch vertikal zugeordneten Märkten (konglomerate Konzentration) hat der Gesetzgeber ebenfalls beweiserleichternde Vermutungen für das Entstehen marktbeherrschender Stellungen geschaffen: Eine überragende Marktstellung wird vermutet, wenn sich ein Unternehmen mit mindestens 2 Mrd DM Jahresumsatz mit einem anderen Unternehmen zusammenschließt,

a) das auf einem typisch mittelständischen Markt tätig ist und die sich zusammenschließenden Unternehmen einen Marktanteil von mindestens 5 v. H. haben,
b) das auf einem oder mehreren Märkten marktbeherrschend ist, auf denen mindestens 150 Mio DM umgesetzt worden sind,
c) wenn durch den Zusammenschluß mindestens 12 Mrd DM Umsatz zusammenkommen und daran zwei Unternehmen mit je 2 Mrd DM Umsatz beteiligt sind.

Das Gesetz entspricht damit der Zielsetzung, wirtschafts- und gesellschaftspolitisch bedeutsame Zusammenschlüsse der Prüfung zu unterziehen und ggf. zu untersagen. Überragende Marktstellungen müssen nicht mit hohen Marktanteilen verbunden sein; hohe Finanzkraft, Verflechtungen und Marktzutrittsschranken reichen dafür aus.

Welche Aufgaben hat die Monopolkommission?

Der Gesetzgeber will sich regelmäßig über die Entwicklung der Unternehmenskonzentration, über Erfolge und Mißerfolge der Fusionskontrolle und über die Mißbrauchsaufsicht über marktbeherrschende Unternehmen gutachtlich unterrichten und beraten lassen. Zu diesem Zweck hat er die Monopolkommission eingerichtet. Sie besteht aus fünf Mitgliedern, die über besondere wirtschaftliche, wirtschaftsrechtliche und technische Kenntnisse verfügen müssen. Die Mitgliedschaft dauert vier Jahre, Wiederberufung ist möglich. Jedes zweite Jahr scheidet ein Mitglied aus. Die vorbereitenden Arbeiten der Monopolkommission werden in ihrer Geschäftsstelle erledigt. Dort sind unter anderem sieben wissenschaftliche Mitarbeiter tätig. Zu Einzelfragen holt die Monopolkommission Sachverständigengutachten ein, befragt und hört Unternehmen, Verbände und Behörden. Das Statistische Bundesamt hat durch Sonderaufbereitungen der amtlichen Statistik in erheblichem Umfange Vorarbeiten für die Monopolkommission geleistet.

Haupt- und Sondergutachten

Die Monopolkommission legt ihre Hauptgutachten in zweijährigem Turnus vor. Sie untersucht die Unternehmenskonzentration in einzelnen Wirtschaftszweigen, um erste Anhaltspunkte über das Ausmaß und die Entwicklung der horizontalen Unternehmenskonzentration zu erhalten, also auf die Verbreitung monopolistischer und oligopolistischer Marktmacht aufmerksam machen zu können. Die Darstellung der horizontalen Konzentration wird ergänzt durch Analyse der vertikalen und konglomeraten Konzentration. Die Hauptgutachten der Monopolkommission sind seit Jahren die am besten fundierten Beiträge der empirischen Konzentrationsforschung. Sie werden ergänzt durch eine Reihe von Sondergutachten sowohl über einzelne Märkte als auch zu einzelnen wettbewerbspolitischen Fragen.

2.3.3 Der relevante Markt

Wiederholt war vom Marktanteil die Rede. Aufmerksame Leser dürften sich fragen, wie denn der Markt zu bestimmen ist, von dem ausgehend Marktanteile der Unternehmen berechnet werden. Je nachdem ob die Angebote von mehr oder weniger Unternehmen zu demselben Markt, also zu dem für eine Untersuchung relevanten Markt gezählt werden, verringert oder vergößert sich der zu berechnende Marktanteil von Unternehmen. Die Bestimmung des relevanten Marktes ist tatsächlich von grundsätzlicher Bedeutung für das Kartellrecht. Dies gilt weniger für Kartellvereinbarungen im Sinne von § 1, ist aber ganz entscheidend für die Fusionskontrolle und die Mißbrauchsaufsicht über marktbeherrschende Unternehmen. Wir wollen diesen Begriff hier im Zusammenhang mit der Fusionskontrolle abhandeln, machen aber darauf aufmerksam, daß diese Ausführungen genauso von Bedeutung sind für den späteren Abschnitt über die Mißbrauchsaufsicht.

Mit Hilfe des GWB sollen volkswirtschaftliche Zusammenhänge geordnet werden. Folglich ist auch der Markt als volkswirtschaftlicher Begriff aufzufassen. Der Markt einer Firma im betriebswirtschaftlichen Sinne ist meist enger als der Markt, der bei der Anwendung des Kartellgesetzes zu ermitteln ist.

Definition des Marktes

Markt ist das Zusammentreffen des Angebots von und der Nachfrage nach funktionell austauschbaren Waren oder Dienstleistungen. Der Marktbegriff setzt Austauschgeschäfte zwischen unabhängigen Anbietern und Nachfragern voraus. Angebot und Nachfrage begegnen sich auf dem Markt. Betriebliche Eigenfertigung ist nicht Produktion für den Markt und deshalb bei der Berechnung der Marktanteile nicht zu berücksichtigen. Bei der Betrachtung aller den Wettbewerb bestimmenden Umstände ist jedoch die betriebliche Eigenproduktion u. U. durchaus als potentieller Wettbewerb einzubeziehen.

Bedarfsmarktkonzept

Für die Beantwortung der Frage, welche Angebote welcher Unternehmen das Gesamtvolumen eines Marktes ausmachen (= Bestimmung des sachlich relevanten Marktes), ist das sog. Bedarfsmarktkonzept anzuwenden. Ist die Marktmacht und die Wettbewerbssituation von Anbietern zu prüfen, so ist festzustellen, welche Waren aus der Sicht der Nachfrager funktionell austauschbar sind. Funktionell austauschbar sind Waren, wenn sie physikalisch, technisch oder chemisch übereinstimmen oder sich nach Eigenschaften, Verwendungszweck und Preislage so nahe stehen, daß der verständige Verbraucher sie als für die Deckung eines bestimmten Bedarfs gleichfalls geeignet ansieht.

Mit dem Begriff der funktionellen Austauschbarkeit von Waren ist nach der horizontalen Ausdehnung eines Marktes gefragt. Hinzukommen muß die Feststellung der jeweiligen Wirtschaftsstufen, auf welchen Angebot und Nachfrage zusammentreffen (vertikale Marktschichtung). Dies ergibt sich schon daraus, daß die Nachfrage des Endverbrauchers unmittelbar von der letzten Verwendung der Ware bestimmt wird. Der Letztverbraucher tritt dem Einzelhändler als Nachfrager, der Einzelhändler jenem als Anbieter gegenüber. Beim Händler summiert sich die Verbrauchernachfrage und wird unter Berücksichtigung dessen, was er künftig anbieten will, seine Nachfrage gegenüber dem Großhändler. Die Interessenlage ist auf beiden Marktseiten ganz verschieden.

Der Absatz einer Ware von der Produktion bis zum Verbraucher kann über mehrere Stufen erfolgen, vom Produzenten über den Großhandel, von diesen zu den Einzelhändlern an die Verbraucher. Die dem Einzelhandel vorgelagerten Stufen können dabei auch selbst unmittelbar an den Endabnehmer liefern. Je nach Markt kann das Bild der Marktschichtung und der Wettbewerbssituation recht unterschiedlich sein.

Im allgemeinen darf angenommen werden, daß Waren mit denselben Eigenschaften zu demselben Markt gehören. Doch können Gründe vorhanden sein, Waren mit absolut gleichen physikalischen, chemischen oder technischen Eigenschaften nicht demselben Markt zuzurechnen. Dafür ein Beispiel:

Gleiche Ware, unterschiedliche Märkte

Bei Kraftstoffen, die sowohl über Tankstellen als auch im Direktgeschäft vertrieben werden, ist die Berechtigung der Marktdifferenzierung offensichtlich. Beide Male handelt es sich um dieselbe Ware. Trotzdem müssen verschiedene Märkte angenommen werden. Für das Direktgeschäft kommen Verkehrsunternehmungen, Betriebe mit stationären Motoren, Großverbraucher mit eigenen Tankanlagen, Garagenbesitzer u. a. in Frage. Macht man sich klar, was es einen Besitzer stationärer Motoren kosten würde, seinen Treibstoffbedarf an der Tankstelle abzuholen, dann wird deutlich, daß dieser zusätzliche finanzielle oder organisatorische Aufwand berechtigt, verschiedene Märkte anzunehmen.

Um verschiedene Märkte handelt es sich auch dann, wenn gleiche Waren in erheblich unterschiedlichen Mengeneinheiten angeboten werden. Die Abnehmer von Faßwein sind nicht dieselben wie die Bezieher von Flaschenweinen. Die Abnehmer von Klinikpackungen sind kaum die einzelnen Kranken. Anbieter, die Waren nur in größeren Mengen bzw. Abmessungen abgeben, wenden sich an andere Abnehmer als Anbieter von kleinen Mengen. Schließlich sei noch erwähnt, daß Waren mit gleichen oder doch recht ähnlichen Eigenschaften durch Aufmachung und Präsentation soweit differenziert werden können, daß ein einheitlicher Markt zu verneinen ist.

Unterschiedliche Waren, trotzdem ein Markt

Zu prüfen ist aber auch, wann unterschiedliche Waren demselben Markt angehören. Es wurde ausgeführt, daß die Zugehörigkeit von Waren zum sachlichen Markt grundsätzlich vom Verwendungszweck her zu bestimmen ist. Exakt bestimmte Verwendungszwecke, insbesondere technischer Art, lassen Substitution häufig nicht zu. Ist der Zweck weniger genau bestimmt, entsteht Spielraum für Substitutionsmöglichkeiten. Wenn unterschiedliche Produkte nicht wegen ihrer sämtlichen Eigenschaften, sondern nur wegen einer bestimmten Qualität benötigt werden, dann gehören diese Produkte wegen dieser einen gemeinsamen, im Sinne des Verwendungszwecks dominanten Qualität demselben Markte an, es sei denn, die nicht dominanten Eigenschaften würden die Verwendung beeinträchtigen.

Waren, die für verschiedene Verwendungszwecke geeignet sind, können verschiedenen Märkten angehören. Beispiele sind Nahrungsmittel für menschliche und tierische Ernährung oder Alkohol für medizinische, technische und Konsumzwecke. Die Anbieter solcher Waren stehen auf dem einen oder anderen Markt jeweils anderen Abnehmern gegenüber. Somit sind auch die Wettbewerbsverhältnisse verschieden.

Räumlicher Markt . . .

Liegt die Abgrenzung des relevanten Marktes in sachlicher Hinsicht fest, ist zu prüfen, um welchen räumlichen Markt es sich handelt. Normalerweise ist vom Geltungsbereich des Kartellgesetzes, also dem Gebiet der Bundesrepublik Deutschland auszugehen.

Wirtschaftlich gesehen reicht aber der Markt, auf dem die tatsächlichen Wettbewerbskräfte aufeinandertreffen, in zahlreichen Fällen über die Grenzen eines Landes hinaus. Soweit ausländische Anbieter auf dem deutschen Markt tätig sind, wird ihr Angebot bei der Analyse der Wettbewerbssituation berücksichtigt, denn es ist Teil des im Inland verfügbaren Marktvolumens und geht voll in die Berechnungen der Marktanteile ein. Wenn Lieferungen ins Inland nicht oder nur in geringem Umfange stattfinden, ist zu prüfen, ob die Konkurrenzbeziehungen die Grenzen der Bundesrepublik trotzdem überschreiten.

. . . evtl. weltweit?

Dies ist dann der Fall, wenn die inländischen Abnehmer ohne weiteres auf ausländische Unternehmen ausweichen können und wenn diese konkurrenzfähige Produkte im Inland anzubieten fähig sind. Dies ist häufig bei Investitionsgütern durch große gewerbliche Abnehmer der Fall, wie z. B. in der Luftfahrtindustrie, im Schiffbau, bei der elektronischen Datenverarbeitung, sowie im Maschinen-und Großanlagenbau. Hier sind eine Reihe von Zusammenschlußfällen wegen der internationalen Wettbewerbssituation nicht untersagt worden. Die Funktionsfähigkeit des inländischen Wettbewerbs beruht auf einer zunehmenden Zahl von Märkten auf der aktuellen und potentiellen Konkurrenz ausländischer Unternehmen. Ganz allgemein kann im Hinblick auf die Großindustrie festgestellt werden, daß die internationalen Handelsbeziehungen eine wachsende Bedeutung für die Wirksamkeit des Wettbewerbs erlangt haben.

Räumliche Teilmärkte

Bei aller Befriedigung über die Internationalisierung des Handels darf aber nicht ignoriert werden, daß es eine sehr große Zahl von kleinen Märkten gibt. Räumliche Teilmärkte gibt es insbesondere dort, wo der Transport der Ware hohe Kosten verursacht, also im Bereich der Steine und Erden. Auch der Einzelhandel ist auf einer Vielzahl von kleinen regionalen Märkten tätig. Die dritte recht interessante Gruppe, die in diesem Zusammenhang genannt werden kann, sind die lokalen und regionalen Tageszeitungen und die Anzeigenblätter. Als Anbieter sind solche regionalen oder lokalen Zeitungen meist keinem direkten regionalen oder lokalen Wettbewerb mehr ausgesetzt, wohl aber konkurrieren sie in gewisser Weise mit den überregionalen Zeitungen, die im gesamten Bundesgebiet verbreitet sind. Nebenbei sei lediglich erwähnt, daß der Anzeigenmarkt vom allgemeinen Zeitungsmarkt zu unterscheiden ist und einen eigenen Teilmarkt mit recht komplizierten Wettbewerbsbeziehungen darstellt.

Unsichere Monopole

Sachliche Märkte können ebenfalls verhältnismäßig klein sein. Fachzeitschriften können durchaus eine marktbeherrschende Position inne haben. Dies ist dann der Fall, wenn in den einzelnen Sparten jeweils nur ein Verlag existiert. Danach wären viele Fachverlage Monopolverlage. Andererseits sind gerade in solchen Fällen die Marktzutrittsschranken für andere Verlage sehr niedrig. So richtig es ist, daß z. B. die einzelnen Zeitschriften des Bäcker- und Fleischerhandwerks nicht zur Deckung des gleichen Interesses untereinander austauschbar sind (Bedarfsmarktkonzept) und deshalb nicht einem einheitlichen, sachlich relevanten Markt zuzuordnen wären, so notwendig ist es zu erkennen, daß monopolistische Situationen auf Fachzeitschriftenmärkte teilweise sehr kurzlebig sind, weil durch besonders niedrige Marktzutrittsschranken die potentielle Konkurrenz den Verhaltensspielraum der Spezialverlage einschränkt. Die hier durch Anwendung des Bedarfsmarktkonzepts festgestellten hohen Marktanteile müssen bei der Beurteilung der Wettbewerbssituation relativiert werden.

Von den oben genannten regionalen und lokalen Märkten abgesehen, legt das BKartA bei der Analyse der Wettbewerbsverhältnisse als räumlich relevanten Markt den Inlandsmarkt zugrunde. Potentielle Konkurrenz ist bei der Anwendung der Fusionskontrollvorschriften in die Prüfung einzubeziehen.

2.3.4 Wettbewerb und Marktstruktur

In den vorausgegangenen Abschnitten ist gezeigt worden, daß auch der Zusammenschluß großer Unternehmen oder die Ausweitung der Marktanteile durch Zusammenschluß dann nicht untersagt werden kann, wenn der Wettbewerb auf den betroffenen Märkten funktionsfähig bleibt. Es sei deshalb etwas grundsätzlicher die Frage erörtert, welcher Zusammenhang denn zwischen Marktstruktur, also insbesondere Marktanteilsgröße, wirtschaftlicher Macht und unternehmerischem wettbewerblichen Verhalten besteht. Für die Kontrolle von Unternehmenszusammenschlüssen ist diese Frage von entscheidender Bedeutung. Ihre Beantwortung ist durch zunehmende Unsicherheit gekennzeichnet. Zum Teil ist dies auf die Entwicklung der Rechtsprechung, zum Teil auch auf die Meinungsunterschiede in den ökonomischen Wissenschaften zurückzuführen.

Solange der Wettbewerb funktionsfähig bleibt, scheidet die Untersagung eines Zusammenschlußvorhabens aus. Damit sind zwei Fragen aufgeworfen, erstens die, ob der Wettbewerb bis zum Zusammenschluß wirksam gewesen ist, und außerdem, ob er auch in Zukunft noch wirksam sein wird. Die Antwort auf die zweite Frage weiß niemand im voraus so genau. Daß man gar nichts wissen könne, das sollte auch nicht behauptet werden. So sind z. B. Monopole nicht nur eine theoretische Fiktion und nicht nur ex definitione ohne Wettbewerb. Es gibt sie, wenn auch nicht gerade oft und wenn, dann haben sie meistens nur mit staatlicher Hilfe eine auf Dauer gefestigte Position. Auch Monopole sind Wettbewerbsprozessen ausgesetzt, sei es, daß neue Unternehmen entstehen, sei es, daß die Ware durch bessere Substitutionsprodukte verdrängt wird. Je nach der Höhe der Marktzutrittsschranken und nach der Stärke der Behinderung des Marktzutritts gibt es stärkere und schwächere Marktstellungen. Der hohe Marktanteil ist also nicht allein maßgebend für die Festigkeit einer Machtstellung auf dem Markt.

Marktbeherrschende Einzelfirmen mit 100% oder annähernd so hohen Marktanteilen sind selten. Wohl aber gibt es zahlreiche Märkte, auf denen ein Unternehmen einen sehr hohen Marktanteil besitzt und mehrere Unternehmen mit kleinem oder sehr kleinem Marktanteil sich den restlichen Markt teilen.

Duttweilers Benzinkrieg in der Schweiz

Wie es in einem solchen Fall um den Wettbewerb bestellt ist, läßt sich abstrakt oder theoretisch nicht ohne weiteres beantworten. Man müßte dazu viel mehr über den Markt und über die Kraft der kleinen Wettbewerber wissen. Hierzu ein Beispiel: In den fünfziger Jahren gab es in der Schweiz einen »Benzinkrieg«. Die großen internationalen Benzingesellschaften sollen in der Schweiz damals einen Marktanteil von 98 ½% gehabt haben. Außenseiter beklagten, daß die Trusts nur einen um höchstens zwei Rappen niedrigeren Außenseiterpreis an den Tankstellen duldeten, anderenfalls zur Disziplinierung der Billiganbieter Gegenmaßnahmen in Form von punktuellen Preissenkungen ergriffen hätten. Das änderte sich mit dem Auftreten der Migrol 1954. Bei einem allgemeinen Bezinpreis von 57–60 Rappen begann sie ihr Tankstellengeschäft mit 49 Rappen je Liter. Monatelang verkauften die internationalen Gesellschaften um die wenigen Migrol-Tankstellen herum ihren Kraftstoff billiger als dieser unerwünschte Konkurrent. Aber am Ende des Jahres war das Schweizer Benzinpreisniveau auf etwa 49 Rappen gesenkt worden und Migrol-Kraftstoff war sogar noch zwei bis drei Rappen billiger. 1 ½% Marktanteil hatte 98 ½% Marktanteil in die Knie gezwungen, nicht umgekehrt. Das ist gewiß ein Ausnahmefall. Das untypische Verhalten des Außenseiters war nur möglich, weil nach Ansicht der Verbraucher Vergaserkraftstoffe keine maßgebenden Qualitätsunterschiede aufweisen, beträchtliche Preisdifferenzen also nicht gerechtfertigt waren, weil die Kraftfahrer auch bei Migrol tankten, als an den Kampftankstellen der internationalen Gesellschaften Benzin unter dem Migrol-Preis angeboten wurde und schließlich, weil die Migrol selbst über Rückhalt in ihrer Gruppe, der schweizerischen Genossenschaftsgruppe Migros (heute selbst ein Wirtschaftsgigant von über 10 Mrd Franken Umsatz) verfügte. Der Benzinkrieg war die mutige Entscheidung des schweizerischen Nationalrats Gottfried Duttweiler, dem Gründer und Präsidenten des Migros-Genossenschaftsbundes. Sie ist zugleich ein Beispiel für die Verwirklichung sozialer Ideen, die Duttweilers Weg charakterisieren. Ganz sicher handelt es sich um einen außergewöhnlichen Einzelfall. Eine Prognose nur auf der Grundlage der Marktstruktur Anfang der fünfziger Jahre, daß es die geschilderte Entwicklung geben werde, ist unvorstellbar.

Prognosen in der Fusionskontrolle

Prognosen sind aber in der Fusionskontrolle unvermeidbar. Diese ist, entsprechend der Konzeption des Gesetzes, zu allererst auf die Kontrolle der Veränderung der Marktstruktur gerichtet. Käme es nur auf die Verschlechterung der Marktstruktur an, dann müßte wie folgt argumentiert werden:

Hat die Marktuntersuchung ergeben, daß eine überragende Marktstellung vorliegt oder sogar noch verstärkt wird, dann muß der Zusammenschluß untersagt werden, ohne daß die Minderung des wirksamen Wettbewerbs am Marktverhalten gesondert nachgewiesen werden müßte. Kürzer formuliert bedeutet dies, daß trotz erheblichen Wettbewerbs ein Zusammenschlußfall untersagt werden müßte. Der Bundesgerichtshof hat in Entscheidungen diese etwas einseitige Betrachtung abgeschwächt und die Berücksichtigung der auf dem relevanten Markt tatsächlich festzustellenden wettbewerblichen Verhaltensweisen gefordert. Die Untersuchung der Veränderung der Marktstruktur und die Prüfung des wettbewerblichen Verhaltens sind zwei Betrachtungsweisen, die beide zur Prüfung der Frage heranzuziehen sind, ob die Funktionsfähigkeit des Wettbewerbs ernstlich gefährdet wird. Nach der Feststellung wesentlichen Wettbewerbs vor einem Zusammenschlußfall wird die Auseinandersetzung mit der Frage verlangt, ob die Wettbewerbsbedingungen sich durch den Zusammenschluß derart ändern, daß ein solcher Wettbewerb in Zukunft nicht mehr erwartet werden kann. Die Nachweisschwierigkeiten sind beträchtlich.

Bei Zusammenschlüssen müssen Marktstellungen beurteilt werden, welche durch den Zusammenschluß erst entstehen. Bei solchen Prüfungen und Prognosen kommt es auf die Kombination aller die Struktur und den Wettbewerb auf dem relevanten Markt bestimmenden Umstände an.

2.3.4.1 Zum Begriff der Marktstruktur

Zum Begriff der Marktstruktur im engeren Sinne gehören alle Tatsachen, die das Angebot und die Nachfrage charakterisieren. Hierzu zählt zunächst die Menge der Ware, die angeboten bzw. nachgefragt wird. Dies ist zunächst die inländische Produktion minus des Exports, jedoch zuzüglich der Importe. Hinzu kommt die Beantwortung der Frage, wer bietet wieviel an. Dies ist die Frage nach den Betriebs- und Unternehmensgrößen und nach der Größe der Marktanteile. Unternehmensverflechtungen sowohl horizontaler wie auch vertikaler, nationaler wie auch multinationaler Art dürfen dabei nicht außer Betracht gelassen werden. Schließlich sind alle Formen der Kooperation, sei es in Verbänden oder auch in Gemeinschaftsunternehmen, auf der Nachfragerseite, insbesondere die gemeinsamen Einkaufsorganisationen, zu untersuchen. Die Charakterisierung einer Marktstruktur ist damit noch nicht am Ende. Zur Marktstruktur im weiteren Sinne zählen Marktzugangsschranken und potentielle Konkurrenz; institutionelle Marktzutrittsschranken, wie z. B. Berufs-und Marktordnungen; der Zugang zu den Beschaffungsmärkten, also zu den Rohstoffen, zu Kapital und Arbeit erleichtert oder erschwert eine bestimmte Marktposition. Letztlich darf auch nicht die Mobilität der Produktion, also die geringeren oder größeren Möglichkeiten, die Produktion umzustellen, zu erweitern oder einzuschränken, ausgelassen werden.

2.3.4.2 Wettbewerbsverhalten

Auf dem in einer bestimmten Art und Weise strukturierten Markt spielt sich mehr oder weniger Wettbewerb ab. Wie im einzelnen, muß in Fusionskontrollfällen untersucht werden. Basis für den Wettbewerb und für die Wettbewerbsintensität eines Marktes sind der Reifegrad der Produkte, die Produktionsverfahren, die Kapazitätsauslastung und der Marktsättigungsgrad der Nachfrage. Innerhalb dieser Szenerie werden Preise vorgefunden, die entweder gleich oder unterschiedlich sind, die entweder ab Werk oder frei Empfänger oder in einem Frachtbasissystem angeboten werden. Weder Gleichheit noch Unterschiedlichkeit der Preise allein erlauben Aussagen über Preiswettbewerb.

Ihr Zustandekommen ist von Bedeutung, also die Art der Preisbildung, zum Beispiel Preisdifferenzierung, Parallelverhalten oder Preisführerschaft. Zum Wettbewerb gehört auch die Vertriebspolitik in Form von Produktdifferenzierung, selektivem Vertrieb, Festsetzung unterschiedlicher Qualitätsstandards, Besonderheiten bei der Rabatt- und Konditionengewährung sowie alle Werbeaktivitäten.

Berücksichtigung von Forschung und Investitionen?

Die Forschungs- und Investitionstätigkeiten der Unternehmen sind natürlich für den Wettbewerb von großer Bedeutung. Bei der Fusionskontrolle bereitet deren Quantifizierung beträchtliche Schwierigkeiten. Es ist wohl sinnvoll und sachgerecht, sich aus diesen Problemen in der Weise argumentativ zurückzuziehen, daß Forschung und Investition zwar die Basis für Wettbewerb sind, selbst aber nicht der Wettbewerb, welcher auf dem Markt stattfindet. Es ist durchaus vorstellbar, daß intensiv geforscht und daß große Mittel für Investitionen ausgegeben werden, auf dem Markt selbst jedoch Wettbewerbsruhe herrscht. Wozu wird dann aber geforscht? Es ist auch für ein marktbeherrschendes Unternehmen unternehmenspolitisch sinnvoll, die Marktstellung gegen künftige Erosion abzusichern, sie dynamisch weiterzuentwickeln, auf benachbarte Märkte auszudehnen, neue Märkte zu erkennen und zu sichern. Schlafmützenmonopole sind ziemlich selten. Investitionen können zur Abschreckung von Wettbewerbern vorgenommen werden, Forschungsergebnisse, wenn intensiver Wettbewerb auf den Märkten fehlt, können in der Schublade, quasi auf Vorrat bereitgehalten werden.

Zusammenfassend sei festgestellt: Die Zusammenschlußkontrolle soll Unternehmenskonzentration verhindern, welche die strukturellen Wettbewerbsbedingungen auf den Märkten derart verändert, daß die Funktionsfähigkeit des Wettbewerbs nicht mehr gewährleistet ist.

Marktstruktur und Wettbewerb

Bei der Prüfung der Marktbeherrschung kommen den Marktanteilen und den finanziellen Ressourcen der am Zusammenschluß beteiligten Unternehmen große Bedeutung zu. Denn die Marktbeherrschungsvermutungen, die der Gesetzgeber den Kartellbehörden zur Erleichterung ihrer Tätigkeit an die Hand gegeben hat, stellen entscheidend auf diese Kriterien ab. Die reine Strukturbetrachtung ist jedoch nicht Grundlage der Entscheidungspraxis geworden. Es sind bei aller Strukturbetrachtung immer auch die wettbewerblichen Abläufe in die Gesamtbetrachtung einzubeziehen. Die Ergebnisse einer reinen Strukturbetrachtung sind durch die Ergebnisse der Wettbewerbsprüfung zu kontrollieren. Die Prüfung der Marktstrukturen und die des Marktverhaltens sind zwei verschiedene Betrachtungsweisen des Marktgeschehens. Sie ergänzen sich in gewissem Maße und beeinflussen sich gegenseitig, beide dienen der Prüfung, ob die Funktionsfähigkeit des Wettbewerbs gefährdet wird.

2.3.5 Die Problematik des wettbewerbslosen Oligopols

Im Abschnitt über die rechtlichen Grundlagen der Zusammenschlußkontrolle haben wir ausgeführt, daß auch zwei oder mehr Unternehmen, die auf demselben Markt tätig sind, marktbeherrschend sein können. Nachdem wir den Zusammenhang von Marktstruktur und Wettbewerbsverhalten im vorausgegangenen Kapitel erörtert haben, soll das Problem der Oligopolunternehmen vertieft werden.

Interdependenz und Reaktionsverbundenheit

In der ökonomischen Theorie werden wenige Anbieter (oder Nachfrager) als Oligopol bezeichnet. In der Realität gibt es zahlreiche Märkte, auf denen wenige Anbieter einer größeren Zahl von relativ kleinen Nachfragern gegenüberstehen. Charakteristisches Merkmal für oligopolistisches Verhalten ist die sogenannte Interdependenz. Sie besteht darin, daß ein Oligopolist das, was andere Unternehmen auf seinem Markte tun und wie sie wahrscheinlich auf sein Verhalten reagieren werden, bereits in seiner Planung bedenken muß.

Unterschiedlich intensiver Wettbewerb

Aus dieser Interdependenz entsteht, je nach Art der Ware und der wirtschaftlichen Stärke der Unternehmen, mehr oder weniger Reaktionsverbundenheit. Das Verhalten, das aus geringerer oder stärkerer Reaktionsverbundenheit entsteht, kann friedvoll oder aggressiv sein. Da Wettbewerb mit einer großen Zahl unterschiedlicher Mittel geführt werden kann, treffen wir auf Oligopolmärkten auf eine Vielzahl von Kombinationen aus offenem und verdecktem, vorstoßendem und nachahmendem Wettbewerb. Die Marktbeobachtung zeigt immer wieder, daß je nach den Umständen des Falles ein Teil der Wettbewerbsmöglichkeiten nicht genutzt wird – bei hoher Reaktionsverbundenheit ist es der offene und umfassende Preiswettbewerb –, andere Wettbewerbsparameter werden zurückhaltend eingesetzt. So bestehen

Konkurrenzhandlungen gleichzeitig neben kooperativem Verhalten bis hin zur Kollusion. Je nachdem, was überwiegt, haben wir es mit einem wettbewerbslosen Oligopol zu tun oder mit einem Oligopol, bei dem im Verhältnis der oligopolistischen Unternehmen untereinander (im Innenverhältnis) wirksamer Wettbewerb vorhanden ist. Welche Art von Oligopol im konkreten Einzelfall vorliegt, ist mitunter recht schwierig festzustellen.

Zukünftiger Wettbewerb?

In den bisherigen Ausführungen, insbesondere zum Verhältnis von Wettbewerb und Marktstruktur, ist dargestellt worden, daß die Frage, ob durch einen Zusammenschluß eine marktbeherrschende Stellung entsteht oder verstärkt wird, stufenweise untersucht wird. Zunächst wird geprüft, ob die den Verdacht der Marktbeherrschung von zwei oder mehr Unternehmen begründenden Marktanteilskriterien (§ 23a Abs. 2 GWB) vorliegen. Sind sie erfüllt, dann ist zu prüfen, ob vor dem Zusammenschluß auf den zu untersuchenden Märkten wesentlicher Wettbewerb geherrscht hat. Wird dies bejaht, schließt sich die Frage an, inwieweit durch den Zusammenschluß die Wettbewerbsbedingungen so verändert werden, daß künftig nicht mehr mit wirksamem Wettbewerb gerechnet werden kann und somit durch den Zusammenschluß ein marktbeherrschendes Oligopol entsteht. Bestand schon vor dem Zusammenschluß kein wirksamer Wettbewerb, dann ist zu untersuchen, auf welche Art und Weise der Zusammenschluß die Stellung der schon marktbeherrschenden Oligopolunternehmen verstärkt.

Zukünftiger Wettbewerb ist umso wahrscheinlicher, je niedriger die Marktzutrittsschranken sind, oder wenn Importwettbewerb verstärkt zu erwarten ist, z. B. durch Veränderung ausländischer Währungen, wenn die Einführung neuer Wettbewerbsprodukte kurz bevorsteht oder dadurch, daß Lizenzen und Patente abgelaufen sind, mit deren Hilfe die Patentinhaber ihre Marktstellung abgesichert hatten. In manchen Fällen ist in der Gegenwart bereits erkennbar, daß der Marktanteil eines Oligopolunternehmens kräftig abschmelzen wird. Der einfache Schluß, weil in der Vergangenheit der Wettbewerb gut funktioniert hat, werde das auch in Zukunft so sein, wäre nicht sachgerecht. Es müßten schon die strukturellen Verankerungen des Wettbewerbs erkannt werden und in Zukunft ungeschwächt vorhanden sein.

Wettbewerb ist mehr als Preis

Durch einen Zusammenschluß im oligopolistischen Bereich werden in der Regel die strukturellen Voraussetzungen für Preiswettbewerb verengt, so daß Preiswettbewerb langfristig nicht ohne weiteres erwartet werden darf. Der Preis ist bei aller Wichtigkeit nur ein Element des gesamten Wettbewerbs. Der zukünftige Einsatz der übrigen Wettbewerbsmöglichkeiten wie z. B. verdeckte Preisnachlässe und Rabatte, aber auch die Qualität als Wettbewerbsparameter sind ebenfalls zu prüfen. Dies ist häufig nur in der Weise möglich, daß die Entwicklung der Marktanteile, die gleichsam wie ein Spiegel die Wirkung des gesamten Wettbewerbs gebündelt reflektieren, in der Vergangenheit untersucht wird und aus diesem Gesamtbild Prognosen über den Wettbewerb nach erfolgtem Zusammenschluß gemacht werden. Die Unternehmen haben die Möglichkeit, belastende Interpretationen zu widerlegen.

2.3.6 Beispielsfälle

Der Veba/Gelsenberg-Fall

Rohölversorgungskrise 1973

Für das Verständnis dieses Zusammenschlusses sind einige Reminiszenzen aus dem Mineralölbereich nützlich. Das internationale Kartell Rohöl fördernder und exportierender Länder (OPEC) hatte im Zusammenhang mit dem Jom-Kippur-Krieg im Oktober 1973 seine Politik geändert: Die Fördermengen wurden drastisch verringert, die Preise verdreifacht. Die Versorgungslage hatte sich in anderen Ländern dramatisch zugespritzt und allenthalben hektische Aktivitäten der Wirtschaftspolitiker ausgelöst. Versorgungsengpässe wurden auch für den deutschen Markt befürchtet.

Die weltweit tätigen multinationalen Ölkonzerne hatten erhebliche Vorteile gegenüber ihrer Konkurrenz, auch gegenüber den großen, aber mit Schwerpunkt nur im nationalen Rahmen tätigen Ölgesellschaften. Mehr eigenes Rohöl zur Verfügung zu haben, war eine große Verlockung. So hatte sich in der energiepolitischen Diskussion die Meinung gebildet, die Schwierigkeiten könnten zum Teil vermieden werden, wenn die von den internationalen Mineralölgesellschaften unabhängigen deutschen Raffineriegesellschaften gestärkt würden und durch zentralen Rohöleinkauf ihre Position verbesserten.

Vollzogene Zusammenschlüsse 1973 bis 1988

Zeitraum	Zusammenschlüsse	Untersagungen
1973/1975	773	4
1976/1977	1 007	7
1978/1979	1 160	14
1980/1981	1 253	21
1982/1983	1 109	10
1984/1985	1 284	13
1986/1987	1 689	5
1988	1 159	5

BKartA überprüft Regierungsmaßnahme ...

Erinnern wir uns: Die Fusionskontrolle trat mit Wirkung vom 7. Juni 1973 in Kraft. Die erste Untersagung eines Zusammenschlußvorhabens richtete sich gegen energiepolitische Maßnahmen, welche in der damaligen Situation die Bundesregierung ergreifen wollte. Der Bundesminister der Finanzen hat nach gründlicher Erörterung der Frage, ob solche Maßnahmen der Bundesregierung von einer nachgeordneten Behörde überhaupt kontrolliert werden müssen, beim Bundeskartellamt die Absicht angemeldet, die Mehrheit am Aktienkapital der Gelsenberg AG zu erwerben. Dieses Aktienpaket sollte auf die Veba AG, die damals mehrheitlich im Besitz der Bundesrepublik war, übertragen werden.

... und untersagt

Das Bundeskartellamt hat den Zusammenschluß untersagt. Es hatte in diesem Verfahren die Marktanteile von Veba, Gelsenberg und anderen Bundesunternehmen zu ermitteln und so die wirtschaftlichen Auswirkungen des Zusammenschlusses von Veba und Gelsenberg festzustellen. Die Prüfung führte zu dem Ergebnis, daß durch den beabsichtigten Zusammenschluß auf mehreren Märkten beherrschende Stellungen des Bundes entstehen oder sogar verstärkt werden. Das galt für den Elektrizitätsbereich, auf den Märkten für leichtes und schweres Heizöl sowie für einige petrochemische Vorprodukte. Die Verstärkung der marktbeherrschenden Stellung des Bundes im Bereich der Binnenschiffahrt wurde ebenfalls beanstandet. Der Bund hat hier eine im Verhältnis zu seinen Wettbewerbern überragende Marktstellung. Er ist oder war damals über die von ihm beherrschten Unternehmen das mit Abstand größte deutsche Binnenschiffahrtsunternehmen. Auch diese Marktstellung wäre durch den Vollzug des vorgesehenen Zusammenschlusses verstärkt worden, da Gelsenberg über ein Tochterunternehmen eine bedeutende Binnenschiffahrtsflotte besitzt. Schließlich gehörte auch der Handel für feste Brennstoffe zu den allergischen Bereichen.

Das Bundeskartellamt hatte keine Anhaltspunkte für Verbesserungen der Wettbewerbsbedingungen, welche die genannten wettbewerblichen Nachteile überwogen hätten. Ob sich die Wettbewerbsbedingungen für Mineralölprodukte durch den Zusammenschluß verbessert hätten, indem Veba die Kapazitäten von Gelsenberg zuwachsen und beider

Zugangsmöglichkeiten zu den Beschaffungsmärkten verbessert würden, mußte offen bleiben. Es hätte auch sein können, daß der vorgesehene Zusammenschluß zu einer Verschlechterung der Wettbewerbsbedingungen auf den Inlandsmärkten für Mineralölprodukte geführt hätte, indem sich die Reaktionsverbundenheit innerhalb des bereits bestehenden engen Oligopols der Anbieter durch die Verbindung von Veba und Gelsenberg verstärkt hätte. Das Gesetz sieht vor, daß die beteiligten Unternehmen nachweisen, die Verbesserungen der Wettbewerbsbedingungen überwögen die Nachteile der Marktbeherrschung. Dieser Nachweis aber konnte nicht geführt werden.

Für die Begründung der Untersagung wären über die bereits genannten Bereiche hinaus noch andere kritische Märkte in Betracht gekommen. Insbesondere ist die Würdigung von Märkten unterblieben, auf denen der Bund über die von ihm beherrschten Unternehmen und Gelsenberg nicht zugleich tätig waren, z. B. die Märkte für Hohlglas und Düngemittel, obgleich die Verstärkung starker Marktstellungen auf diesen Märkten durch den Zusammenschluß auch ohne Vergrößerung des Marktanteils in Betracht kam. Die weiter oben genannten Bereiche reichten für die Untersagungsverfügung aus.

Bundeswirtschaftsminister erlaubt

Sehr rasch nach dieser Entscheidung hat der Bundesminister für Wirtschaft den Zusammenschluß erlaubt, weil durch ihn die Mineralölversorgung in der Bundesrepublik langfristig gesichert werden könne. Die Bundesregierung hatte in einem Energieprogramm 1973 eine Neugruppierung der deutschen Mineralölinteressen als notwendig bezeichnet. Gelsenberg war neben Veba das bedeutendste in deutschen Händen befindliche Mineralölunternehmen. Der Haushaltsausschuß des Deutschen Bundestages war unterrichtet und hatte zustimmend Kenntnis genommen. Der Bundesminister der Finanzen hat die sogenannte Ministererlaubnis beantragt. Der

Bundeswirtschaftsminister sah die Voraussetzungen für eine Ministererlaubnis als erfüllt an. Nach dieser Vorschrift ist ein Zusammenschluß zu erlauben, wenn im Einzelfall die Wettbewerbsbeschränkung von gesamtwirtschaftlichen Vorteilen des Zusammenschlusses aufgewogen wird oder der Zusammenschluß durch ein überragendes Interesse der Allgemeinheit gerechtfertigt ist.

In der Entscheidung heißt es, die Monopolkommission werde zu den wettbewerblichen und strukturellen Aspekten der Neugruppierung noch um eine Stellungnahme gebeten. Einige Monate später wurde die Monopolkommission unterrichtet, daß mit dem in der Entscheidung angekündigten Gutachtenauftrag nicht mehr zu rechnen sei. Gleichwohl beschloß die Monopolkommission aufgrund eigenen Ermessens das Gutachten zu erstellen, insbesondere, weil zum ersten Mal die Gemeinwohlklausel angewendet wurde und von ihrer Auslegung die Wirksamkeit der Fusionskontrolle wesentlich bestimmt wurde und weil zum damaligen Zeitpunkt auch noch ungeklärt war, in welcher Weise die unerwünschten Nebenwirkungen des Zusammenschlusses auf Märkten außerhalb der Mineralölindustrie vermieden oder verringert werden konnten.

Monopolkommission kritisiert

Die Monopolkommission bestätigte zunächst, daß der Bund als Erwerber oder Eigentümer von Unternehmen nicht von der Fusionskontrolle befreit ist. Die Monopolkommission akzeptierte das energiepolitische Ziel einer langfristigen Sicherung der Mineralölversorgung und sah hier die Gemeinwohlklausel des § 24 Abs. 3 GWB konkretisiert. Sie ist aber der Überzeugung, daß dieses Ziel sich mit weniger Marktstrukturverschlechterung hätte erreichen lassen und daß die Ministererlaubnis sich nur so weit hätte erstrecken dürfen, wie dies zur Erreichung des Gemeinwohlziels erforderlich war. Durch Auflagen hätte die Ministererlaubnis Entstehung und Verstärkung marktbeherrschender Stellungen auf anderen Märkten ausschließen können. Der Bund als Großaktionär hätte sogar noch nachträglich durch Ausgliederung von Tochterunternehmen die wettbewerbsschädigenden Wirkungen des Zusammenschlusses mildern können. Die Monopolkommission gab dazu eine Reihe von Empfehlungen, die jedoch nicht befolgt worden sind. Der Fall ging auf diese Weise verloren, Chancen für den Wettbewerb im Energiebereich sind nicht wahrgenommen worden. Der Gesetzgeber wurde jedoch hellhörig und hat § 24b Abs. 5 in der Weise erweitert, daß der Bundesminister für Wirtschaft in Einzelfällen, die ihm nach § 24 Abs. 3 zur Entscheidung vorliegen, eine gutachtliche Stellungnahme der Monopolkommission einzuholen hat. Mit dieser wichtigen, ersten Untersagungsverfügung des Bundeskartellamtes wurde für die zukünftige Entwicklung geklärt, daß der »für die Tätigkeit des Amtes unerläßliche Einklang mit den Grundsätzen der generellen Wirtschaftspolitik« keine Vermischung politischer Postulate mit rechtlichen Entscheidungskriterien bedeuten darf.

Die Idee war sehr kurzlebig

Die wirtschaftliche Dynamik ging in verhältnismäßig kurzer Zeit über diese Idee des mächtigen nationalen Energiekonzerns und somit auch über diesen Zusammenschluß hinweg. Zunächst verzögerte sich die Eingliederung von Gelsenberg in die Veba ganz beträchtlich. Aufgrund der Klagen der Aktionärsschutzgemeinschaft gegen Veba mußte nach Feststellung der Nichtigkeit durch den BGH der Eingliederungs-und Abfindungsbeschluß von der Hauptversammlung wiederholt werden. Erst 1978 wurde Gelsenberg in die Veba eingegliedert, bereits 1979 auf die BP AG übertragen. Die Wettbewerbsnachteile einer nationalen Gesellschaft ohne eigene Rohölbasis konnten so, wie ursprünglich gedacht, nicht beseitigt werden. Durch Vereinbarungen mit BP hat sich Veba langfristig ihre Rohölversorgung gesichert. Daß auch diese Übertragung auf die BP wegen einer Beteiligung an der Ruhrgas nicht ohne kartellamtliche Intervention, aber nach einer zweiten Ministererlaubnis vonstatten ging, sei nur kurz erwähnt.

Der Zigarettenfall Philip Morris/Rothmans Tobacco

Ein amerikanisches Unternehmen, die Philip Morris Inc., New York, kaufte von einem südafrikanischen Unternehmen, der Rembrandt Group Ltd., Anteile an einem englischen Unternehmen, der Rothmans Tobacco Holding Ltd., London. Die andere Hälfte des Kapitals blieb bei der Rembrandtgruppe. Durch den Anteilserwerb erhielt die amerikanische Philip Morris Inc. über ihr Tochterunternehmen, der Philip Morris GmbH, München, mitbestimmenden Einfluß auf die Martin Brinkmann AG, Bremen, eine mittelbare Rothmans-Tochter.

Untersagung eines Zusammenschlusses im Ausland?

Das Bundeskartellamt hat diesen Zusammenschluß unter ausdrücklicher Begrenzung auf die Beseitigung der Inlandswirkungen untersagt. Die führenden fünf Anbieter auf dem deutschen Zigarettenmarkt, Reemtsma, B. A. T., Brinkmann, Morris und Reynolds, erreichen zusammen einen Marktanteil von 99%; zusammen mit Brinkmann hat Morris mit einem Marktanteil von etwa 32% die führende Marktstellung. Die vom Kartellgesetz vorgegebene Vermutung oligopolistischer Marktbeherrschung haben die Beteiligten nicht widerlegen können. Die Wettbewerbsbedingungen des Zigarettenmarktes lassen nach Auffassung des Bundeskartellamtes langfristig keinen wesentlichen Wettbewerb innerhalb des Oligopols erwarten. Die weitgehende technische Homogenität und Produktreife der Zigaretten, die Stagnation des Marktes, die ganz beträchtlichen Ressourcen der führenden Anbieter, die weitgehend einheitliche Produktionstechnik und schließlich die geringe Zahl der Anbieter schaffen eine enge oligopolistische Reaktionsverbundenheit, die den

Wettbewerb auf dem Zigarettenmarkt

Einsatz wesentlicher Wettbewerbsmittel, insbesondere des Preiswettbewerbs, nicht erwarten lassen. Die Analyse des Zigarettenmarktes hat ergeben, daß potentiellen Wettbewerbern der Zugang zum Zigarettenmarkt nahezu verschlossen ist. Bei einem Segment dieses Marktes ist dies offensichtlich: Beim Verkauf über Automaten. Die Aufnahmefähigkeit der Verkaufsautomaten, über die etwa 45% aller Zigaretten abgesetzt werden, ist auf wenige führende Marken begrenzt. Ähnliches gilt für die Verkaufsmöglichkeiten über den Lebensmittelhandel, auf den etwa 30% des Absatzes entfallen. Daraus ergibt sich für einen neu in den Markt eintretenden Anbieter die Notwendigkeit, seine Marke zunächst mit einem für den Automatenverkauf hinreichenden Verkaufserfolg aufzubauen. Der hierzu erforderliche Werbeaufwand ist prohibitiv. Zugang zum Zigarettenmarkt haben neben den etablierten Anbietern lediglich Ketten-und Filialunternehmen des Lebensmittelhandels. 1982 und noch danach hat sich die Wettbewerbssituation des Zigarettenmarktes durch ein vermehrtes Angebot billigerer Handelsmarken zwar aufgelockert, ein Abbau der überragenden Stellung des Oligopols oder der Eintritt wesentlichen Wettbewerbs innerhalb des Oligopols war von dieser Entwicklung aber nicht zu erwarten. Der Zusammenschluß hat die Marktstellung der oligopolistischen Unternehmen verstärkt, der Konzentrationseffekt die Reaktionsverbundenheit der Unternehmen verfestigt, die Chancen für ein Wiederaufleben des Wettbewerbs im Oligopol verringert und die Abschreckungswirkung gegenüber anderen Wettbewerbern vergrößert. Darüber hinaus haben Morris und Brinkmann im Produktions-, Vertriebs-und Technologiebereich zusätzliche Handlungsmöglichkeiten und Wettbewerbsvorteile gewonnen.

Die beteiligten Unternehmen schilderten die Wettbewerbssituation gänzlich anders: Die ganz beträchtlichen Wettbewerbsanstrengungen der Unternehmen müßten vor dem Hintergrund der besonderen Bedingungen des Zigarettenmarktes gesehen werden. Der Markt stagniere seit Jahren. Die Absatzkanäle seien begrenzt, Verkaufsautomaten und die im Lebensmittelhandel verwendeten Verkaufsregale für Zigaretten könnten nur einen geringen Teil der angebotenen Marken aufnehmen. Entscheidend sei der Wettbewerb der Marken untereinander. Zigarettenmarken hätten nur einen begrenzten Lebenszyklus, so daß immer wieder neue Marken mit beträchtlichem Werbeaufwand eingeführt werden müßten. Markenwettbewerb und Werbung sicherten die bestehende Angebotsvielfalt. Ohne sie gebe es zum Nachteil der Verbraucher nur eine namenlose graue Einheitszigarette. Diesem Wettbewerb könne sich kein Hersteller entziehen, da sein Zigarettenangebot sonst vom Handel nicht angenommen werde. Lediglich Großhandelsketten und Reemtsma (über die zahlreichen Vertriebsstellen des Tschibo-Konzerns) seien in der Lage, unter teilweisem Verzicht auf Marken- und Werbungswettbewerb billigere Zigaretten anzubieten. Diese Marktbedingungen würden durch den Zusammenschluß nicht verändert. Zugang zu den limitierten Absatzkanälen könnten die Anbieter auch künftig nur durch Gewährung von Rabatten und anderen geldwerten Gegenleistungen finden. Wegen der Konzentration im Lebensmittelhandel, aber auch im Tabakwarengroßhandel, der die Verkaufsautomaten betreibe, sei eine Intensivierung des Wettbewerbs zu erwarten. Der Preiswettbewerb, der in der Vergangenheit wegen der hohen Steuerbelastung, die keine absatzwirksame Preisdifferenzierung zugelassen habe, gegenüber anderen Wettbewerbsformen zurückgetreten sei, werde künftig intensiviert werden. Eine Tabaksteuererhöhung werde den Trend zu selbstgedrehten Zigaretten verstärken, das Angebot billiger Zigaretten und Handelsmarken werde zunehmen.

Markenwettbewerb

Wertung des Werbungswettbewerbs

Das Bundeskartellamt läßt Werbungswettbewerb allein nicht als wesentlichen Wettbewerb und damit als Widerlegung der Marktbeherrschungsvermutung gelten. Seine Untersuchungen haben ergeben, daß die Hersteller nicht gezwungen sind, immer wieder neue Marken einzuführen, um ihre eigene Marktposition zu behaupten. Eine Vielzahl von Marken läßt keine Rückschlüsse auf die Existenz wettbewerblicher Strukturen zu. Auswirkungen, die sich aus dem Absatz anderer Marken desselben Herstellers ergeben, sind wettbewerbsrechtlich unbeachtlich, da es bei der Fusionskontrolle auf den Wettbewerb der Hersteller untereinander ankommt. Mögliche Formen des unternehmensinternen Wettbewerbs finden keine Berücksichtigung. Der Marken- und Werbungswettbewerb ist eine Folge des hohen Konzentrationsgrades des Zigarettenmarktes. Von ihm gehen erhebliche Marktzutrittserschwerungen und damit Wettbewerbsbeschränkungen aus. Die Werbung ist in der Zigarettenindustrie die wichtigste Ursache für den hohen Konzentrationsgrad. Wegen des hohen Werbeaufwandes sind die Einführungskosten für neue Marken beträchtlich, sie wirken auf neue Anbieter geradezu prohibitiv. Schließlich führt die intensive Werbung zu einer starken Markenbindung und damit zu einer Senkung der Substitutionsbereitschaft der Verbraucher, was vorhandene Preisspielräume eher absichert statt begrenzt.

Stabiles Zigarettenoligopol

Die Richtigkeit dieser Analyse zeigt sich daran, daß sich der Marktanteil des Oligopols über die Jahre hin nur unerheblich verschoben hat. Eine Dekonzentration hat es auf dem Zigarettenmarkt seit den zwanziger Jahren nicht mehr gegeben. Der Marktanteil der kleineren Anbieter ist von mehr als 20% in den fünfziger Jahren auf unter 1%, die Zahl der kleineren Anbieter von etwa 40 auf 7 gesunken. Innerhalb des Kreises der führenden Anbieter und zwischen den führenden Marken sind die Marktanteilsverschiebungen nicht unerheblich, aber sie haben ihre

Ursache im Marken- und Werbungswettbewerb. Dieser ist jedoch keine Wettbewerbsbedingung im Sinne der Fusionskontrolle, sondern ein marktstrategisches Verhalten, welches einen hohen Konzentrationsgrad voraussetzt. Obwohl Marken- und Werbungswettbewerb darauf abzielen, Marktanteile zu Lasten anderer Anbieter zu gewinnen und die eigene Position zu behaupten, leistet er keinen Beitrag zur Erfüllung wettbewerblicher Funktionen.

Das Kammergericht hat die Entscheidung des Bundeskartellamtes bestätigt, jedoch die Entscheidungsformel wegen völkerrechtlicher und kollisionsrechtlicher Bedenken enger auf die Untersagung des durch den Anteilserwerb bewirkten Inlandszusammenschlusses beschränkt. Gegen den Beschluß des Kammergerichts haben die Beteiligten Rechtsbeschwerde eingelegt. Durch gesellschaftsrechtliche Umstrukturierung ist der Zusammenschluß in seinem Wesen so verändert worden, daß der Bundesgerichtshof die Sache als erledigt ansehen konnte.

Gruner + Jahr (Bertelsmann)/Zeitverlag

Nur noch eine Tageszeitung am Ort . . .

Der Fall, der hier erörtert werden soll, ist dem großen Bereich der Pressefusionskontrolle entnommen, die das Bundeskartellamt in den letzten Jahren in besonderem Maße beschäftigt hat (vgl. Übersicht im Anhang S. 147). Die Erfolge der Pressefusionskontrolle sind beachtlich, wenn auch zuzugeben ist, daß bei Einführung der erweiterten Fusionskontrolle für Pressezusammenschlüsse bereits ein besonders hoher Konzentrationsgrad erreicht war. Die Abonnement-Tageszeitungen verfügen in ihrem örtlichen Bereich fast ausnahmelos über marktbeherrschende Stellungen. Trotzdem enthält die gegenwärtig bereits stark monopolistisch strukturierte Situation noch starke Anreize für die weitere Konzentrationsdynamik: Überregionale Zeitungen und Medienkonzerne versuchen, in lokale Märkte einzudringen. Tageszeitungen erwerben Anzeigenblätter. Kleinere, noch selbständige Verlage erhalten verlockende Übernahmeangebote. Die Fusionskontrolle hat hier auch in Zukunft noch ein großes Betätigungsfeld.

... aber Vielfalt der Märkte für Presseerzeugnisse

Presseerzeugnisse unterscheiden sich je nach Inhalt, Tendenz, Leserkreis, Art der Darbietung, Erscheinungshäufigkeit und Vertriebsform. All dies wirkt sich auf die Austauschbarkeit der Produkte, also auf die Bestimmung des sachlich relevanten Marktes aus. Die Probleme seiner Bestimmung waren die Hauptursache für die lange Dauer des Gruner + Jahr Falles (1981–1987).

Im Gegensatz zum Tageszeitungsbereich besteht auf den Zeitschriftenmärkten eine größere Vielfalt von Titeln und Verlagen. Die Lebensdauer der einzelnen Produkte ist recht unterschiedlich. Eine Ausnahme gilt jedoch hinsichtlich der allgemeinen Publikums- und Programmzeitschriften. Hier dominieren seit langem die vier großen Zeitschriftenverlage Gruner + Jahr, Springer, Bauer und Burda.

Der größte deutsche Medienkonzern

Um die Existenz der politischen Wochenzeitung »Die Zeit« auf Dauer zu sichern, meldete Gruner + Jahr beim Bundeskartellamt die Absicht an, sich am Zeitverlag zu beteiligen. Gruner + Jahr, ein Unternehmen des Bertelsmann-Konzerns, dem mit Abstand größten deutschen Medienkonzern, gibt mehrere Illustrierte heraus, unter anderem den »Stern«. Von Gruner + Jahr bestehen kapitalmäßige Verbindungen zum Spiegel-Verlag, so daß also auch gesellschaftsrechtlich »Zeit«, »Stern« und »Spiegel« einander nähergerückt wären.

Das Bundeskartellamt hat den Eintritt von Gruner + Jahr in den Zeitverlag aus mehreren Gründen untersagt. Die beabsichtigte Beteiligung hätte zu einer Verstärkung der marktbeherrschenden Stellungen des »Stern«, des »Spiegel« sowie zur Entstehung einer marktbeherrschenden Stellung des Zeitverlags geführt.

Ein Markt für Illustrierte

Der »Stern« gehört zum Markt allgemein unterhaltender Publikumszeitschriften. Diesem Markt sind nach Inhalt, Charakter, Erscheinungsweise und Vertriebsform außer dem »Stern«, die »Bunte«, »Quick« und »Weltbild« zuzurechnen. Auf diesem Markt hat der »Stern« eine überragende Marktstellung. Gemessen am Gesamterlös erreicht er einen Marktanteil von über 50% und damit fast das Doppelte des nächst größten Wettbewerbers, des Burda-Verlags als Herausgeber der »Bunte«.

Hinzu kommen die überragenden Ressourcen, die Gruner + Jahr wegen der Zugehörigkeit zu Bertelsmann zur Verfügung hat. Diese überragende Marktstellung wäre durch den Zusammenschluß mit dem Zeitverlag noch verstärkt worden.

Verstärkung der Position des „Spiegel"...

Durch den Zusammenschluß wäre überdies die marktbeherrschende Stellung des »Spiegel« verstärkt worden, der als Nachrichtenmagazin inhaltlich und nach seinem Charakter mit keiner in der Bundesrepublik erscheinenden Zeitschrift vergleichbar ist. Gruner + Jahr hat zwar nur eine Minderheitsbeteiligung am »Spiegel« und deswegen nicht bei jeder Entscheidung mitzubestimmen. Trotzdem würde das wirtschaftliche Interesse der »Zeit« an Wettbewerbshandlungen gegen den »Spiegel« beträchtlich abnehmen.

... und der „Zeit" auf ihren Märkten

Auch die »Zeit« würde durch den Zusammenschluß auf dem Markt für politische Wochenzeitungen eine überragende Marktstellung erlangen. Politische Wochenzeitungen, die zu dem Markt gehören, auf dem die »Zeit« angeboten wird, sind konfessionelle und parteipolitische Wochenzeitungen, also das »Deutsche Allgemeine Sonntagsblatt«, »Rheinischer Merkur«, »Bayernkurier« und »Vorwärts«. Die »Zeit« hat hier einen Marktanteil, gemessen an den Erlösen, von knapp 60%. Durch den Zusammenschluß würden der »Zeit« die Ressourcen des Bertelsmann-Konzerns zuwachsen. Der hohe Marktanteil der »Zeit« wäre auf Dauer abgesichert.

Das Kammergericht ist anderer Ansicht

Die Entscheidung des Bundeskartellamtes vom Januar 1981 wurde vom Kammergericht im November 1982 aufgehoben. Das Kammergericht hat zur Begründung ausgeführt: Die unterstellte marktbeherrschende Stellung von Gruner + Jahr mit der Illustrierten »Stern« werde durch den Zusammenschluß weder unmittelbar noch mittelbar verstärkt. Am Spiegel-Verlag ermögliche die Beteiligung von Gruner + Jahr keinen unternehmerischen Einfluß; auch dürfe der geplante Erwerb nicht im Hinblick auf eine Beteiligung untersagt werden, die - 24,9% am Spiegel-Verlag - gerade nicht der Fusionskontrolle unterliege. Die Entstehung einer marktbeherrschenden Stellung der »Zeit« verneinte das Kammergericht mit der Begründung, daß die »Zeit« einem Markt für überregionale Abonnementszeitungen zugeordnet werden müsse, auf dem sie nach Verkaufs- und Anzeigenerlösen der kleinste Wettbewerber sei, und daß deshalb keine marktbeherrschende Stellung entstehe. Auch wenn von einem Teilmarkt für politische Wochenzeitungen auszugehen sei, auf dem die Zeit einen hohen Marktanteil aufweise, werden der Verhaltensspielraum des Zeitverlags durch Substitutionskonkurrenten, im wesentlichen durch »FAZ«, »Die Welt«, »Die Süddeutsche Zeitung« und »Frankfurter Rundschau«, wettbewerblich ausreichend kontrolliert.

BGH verweist zurück

Auf die Rechtsbeschwerde des Bundeskartellamtes hob der Bundesgerichtshof 1984 die Entscheidung des Kammergerichts auf und verwies die Sache zur anderweitigen Verhandlung und Entscheidung zurück. Zur Frage, welchem Markt die »Zeit« zuzuordnen sei, vertrat der Bundesgerichtshof die Auffassung, daß zwar die überregionalen Tageszeitungen den Bedarf an ausführlichen politischen, wirtschaftlichen und kulturellen Informationen und kritischen Stellungnahmen deckten, daß aber das Kammergericht wesentliche Umstände, die das Maß an Aktualität, das eine Tageszeitung von der Wochenzeitung unterscheide, nicht in der gebotenen Weise in Betracht gezogen habe. Sei von einem Markt von politischen Wochenzeitungen auszugehen, so könne allerdings der Substitutionswettbewerb der überregionalen Tageszeitungen die Wettbewerbsverhältnisse dann beeinflussen, wenn der Verhaltensspielraum der »Zeit« stärker beschränkt werde als der der Wettbewerber. Dazu aber fehlten Feststellungen des Kammergerichts.

Kammergericht ändert Marktabgrenzung

Mit der Entscheidung vom 7. Februar 1986 hat das Kammergericht seine Erstentscheidung korrigiert und festgestellt, daß das Bundeskartellamt den Zusammenschluß zu Recht untersagt hat. Der sachlich relevante Markt bestimmt sich nach dem Selbstverständnis und Erscheinungsbild der »Zeit«. Sie ist eine Wochenzeitung für Politik, Wirtschaft und Kultur. Marktgleichwertig sind nur solche Produkte, die der Verbraucher nach Eigenschaft, Verwendungszweck und Preislage zur Deckung eines bestimmten Bedarfs als austauschbar ansieht. Danach können nur der »Rheinische Merkur«, »Das Deutsche Allgemeine Sonntagsblatt«, der »Bayernkurier« und der »Vorwärts« zum relevanten Markt gerechnet werden. Diese Zeitungen erscheinen wöchentlich und in ihnen wird über die gleichen Bereiche wie in der »Zeit« in vertiefter Darstellung berichtet. Mag auch die religiöse oder politische Grundrichtung dieser Wochenzeitungen dazu führen, daß der einzelne Käufer einen Wechsel zu einer anderen politischen oder religiösen Zeitung ablehnen würde, so ändert das doch nichts an der generellen Austauschbarkeit dieser Presseerzeugnisse und damit an der Zugehörigkeit zu demselben Markt. Die Verbraucherschaft, wie unterschiedlich auch immer sie religiös und politisch denken mag, sieht durch diese fünf Zeitungen ihren Bedarf an wöchentlichen Informationen über Politik, Wirtschaft, Kultur, Wissenschaft und Technik befriedigt. Wollte man allein wegen der politischen oder religiösen Grundeinstellung jeder dieser Wo-

Tageszeitungen gehören nicht zum relevanten Markt ...

chenzeitungen eine Vergleichbarkeit der Produkte verneinen, so bildete jede von ihnen einen eigenen Markt, was der Lebenswirklichkeit widerspräche. Das Kammergericht verneint nunmehr die von ihm zuvor vertretene Ansicht, zwischen diesen fünf Wochenzeitungen einerseits und den überregionalen Tageszeitungen (Abonnementszeitungen) andererseits bestehe Austauschbarkeit; denn wie umfangreiche Ermittlungen ergeben haben, gehören sie nicht zu einem einheitlichen Markt. Die Wochenzeitungen dienen dem Bedarf nach vertiefter Darstellung und kritischer Kommentierung; Tageszeitungen sind in erster Linie darauf angelegt, den Bedarf nach täglich neuer Information zu befriedigen. Die Tagesaktualität steht hier im Vordergrund. Das gilt auch für die überregionalen Abonnementszeitungen, die zugleich einen zusätzlichen, durch regionale und lokale Tageszeitungen sowie Straßenverkaufszeitungen nicht gestillten Bedarf an ausführlicher politischer, wirtschaftlicher und kultureller Information einschließlich kritischer Stellungnahmen decken. Die überregionalen Tageszeitungen sind die erste und hauptsächliche Information über das Tagesgeschehen als Erstzeitung. Hinsichtlich dieses Angebots besteht keine Überschneidung mit politischen Wochenzeitungen. Sie decken einen anderen Bedarf. Zwar gibt es einen Überschneidungsbereich der überregionalen Tageszeitungen und der Wochenzeitungen bei der vertiefenden, interpretierenden und kommentierenden Information. Die Tagesaktualität ist jedoch der Schwerpunkt der Tageszeitungen und dieser Bedarf kann von Wochenzeitungen nicht gedeckt werden. Die Information in einer Wochenzeitung ist schon deswegen nicht gleichwertig mit den überregionalen Tageszeitungen, weil die Tageszeitungen wegen der Tagesaktualität einen erheblich höheren redaktionellen Aufwand treiben müssen und deswegen etwa doppelt so teuer sind.

Das Kammergericht ist in der genannten Entscheidung anders als das Bundeskartellamt der Auffassung, daß der »Spiegel« einen im wesentlichen gleichwertigen Bedarf wie die fünf Wochenzeitungen deckt und deshalb wegen der Austauschbarkeit aus der Sicht der Käufer mit den Wochenzeitungen einen gemeinsamen Markt bildet. Vergleicht man den »Spiegel« und die fünf Wochenzeitungen, so zeigt sich eine nahezu vollständige Übereinstimmung der Themen, über die wöchentlich berichtet wird. Es sind dies die jeweils gängigen Themen aus Politik, Wirtschaft und Kultur, Informationen über Forschung, Wissenschaft, zum Teil auch über Sport. Sie beschäftigen sich mit den Ereignissen der jeweils vergangenen Woche im In- und Ausland und haben sorgfältig recherchierte Artikel. Untersuchungen von Marktforschungsinstituten, die Ergebnisse von Befragungen der Leser und Abonnenten bestätigen, daß diese Ansicht richtig ist. Auf diesem sachlich relevanten Markt haben, gemessen an der Auflage, der »Spiegel« 50%, die »Zeit« etwa 23%, die restlichen folgen mit gut 7% und knapp 7%, der »Bayern-Kurier« mit 8 ½%, der »Vorwärts« mit weniger als 4%. Beim Vertriebserlös und beim Gesamterlös sind die Relationen ähnlich, beim »Spiegel« mit 56 und 66% sogar noch deutlich besser als bei den übrigen.

...wohl aber der „Spiegel"

Der Wettbewerb auf dem Markt für politische Wochenschriften ist recht intensiv. Insbesondere besteht - obwohl dies rechnerisch so darstellbar ist - zwischen »Spiegel« und »Zeit« kein Oligopol, das durch fehlenden wesentlichen Wettbewerb im Innenverhältnis und durch fehlenden funktionsfähigen Wettbewerb im Außenverhältnis gekennzeichnet wäre. Die Aussage über die Intensität des Wettbewerbs stützt das Kammergericht auf die Entwicklung der Auflage, insbesondere der »Zeit«: 342.000 Exemplare 1979, 417.000 im Jahre 1984. Der Gesamterlös hat sich in diesem Zeitraum mehr als verdoppelt. Das Wachstum der »Zeit« ging in erster Linie zu Lasten des

Intensiver Wettbewerb würde erlahmen

»Spiegel«. Seine Auflage hatte die Millionengrenze überschritten und fiel wieder zurück auf 900.000. Vergleicht man diese Marktsituation mit der, die nach dem Zusammenschluß bestehen würde, so wäre durch die Beteiligung von Gruner + Jahr am Zeitverlag eine Verschlechterung der Marktstruktur zu erwarten. Gruner + Jahr hat bereits im Spiegelverlag eine Stellung, die als mitbeherrschender Einfluß zu charakterisieren ist. Die Beteiligung an den beiden, auf demselben Markt tätigen Unternehmen rechtfertigt die Annahme, daß eine Verringerung des Wettbewerbs zwischen dem Spiegel-Verlag und dem Zeit-Verlag wahrscheinlich und der Wettbewerb zwischen ihnen künftig nicht mehr wesentlich wäre.

Der Bundesgerichtshof hat mit Beschluß vom 22.09.1987 die Untersagung der Beteiligung von Gruner + Jahr an der »Zeit« bestätigt.

2.3.7 Ergebnisse der Fusionskontrolle

Was ist nun seit 1973 in der Fusionskontrolle geschehen? Insgesamt sind (Stichtag 31.12.1988) 9434 Zusammenschlüsse (einschließlich der 3714 vollzogenen anmeldepflichtigen Vorhaben) angezeigt worden. Davon waren 2959 nicht kontrollpflichtig.

Insgesamt (präventiv und nachträglich) waren 7121 Zusammenschlußfälle kontrollpflichtig. In 79 Fällen hat das Bundeskartellamt eine Untersagung ausgesprochen. Ganz vorsichtig und mit Zurückhaltung zählt es auch die Fälle, die gar nicht erst angemeldet wurden, aber die die interessierten Unternehmen mit den Kartellbeamten erörtert haben, ohne formell ein Verfahren zu riskieren. Solche Fälle, die im Vorfeld der kartellrechtlichen Prüfung behandelt wurden (sog. Vorfeldfälle) und dann wegen der negativen Beurteilung der Kartellbehörde unterblieben oder anders als ursprünglich geplant, vollzogen wurden, gibt es 150.

Nach Änderungen im Beschwerdeverfahren, nach BGH-Entscheidungen und aufgrund von Erledigungserklärungen hat das Bundeskartellamt 10 Untersagungen zurückgenommen. Unanfechtbar geworden sind ohne Rechtsmittel 18, nach Beschwerde beim Kammergericht 9, nach Rechtsbeschwerde beim Bundesgerichtshof 12. Rechtskräftig aufgehoben wurde die Untersagung durch das Kammergericht in 12, durch den Bundesgerichtshof in 6 Fällen. Eine Ministererlaubnis gab es viermal. Anhängig sind beim Kammergericht 6, beim Bundesgerichtshof 2 Verfahren.

Wert der Statistik?

Fragen wir zunächst, wie diese Zahlen zu interpretieren sind und was die Interpretation an Erkenntnissen hergibt. Die Zahl der Zusammenschlußfälle allein hat nur einen begrenzten Aussagewert über die Konzentrationsentwicklung in der Industrie. Die Gesamtzahl der angezeigten Zusammenschlüsse enthält auch wettbewerblich unbedeutende Fälle (Kapitalbeteiligungsgesellschaften, Leasinggeschäfte) oder sogar erwünschte Fälle der Dekonzentration (Großunternehmen gibt Unternehmensteil ab oder steigt aus einem Gemeinschaftsunternehmen aus; ausländische Unternehmen treten durch gemeinsame Gründung von Tochterunternehmen auf dem deutschen Markt auf). Die geringe Zahl der Untersagungen zeigt, daß bei den allermeisten Fällen von vornherein kein Verdacht auf Marktbeherrschung bestand.

Konzentration und Wettbewerb

Daß dies vom Bundeskartellamt im großen und ganzen richtig beurteilt worden ist, wurde immer wieder auch von der Monopolkommission nach Prüfung aller Einzelfälle bestätigt. Dies zeigt, daß für die Beurteilung des Wettbewerbs auf dem Markt dem Konzentrationsgrad allein nicht die Bedeutung zukommt, wie bei der Schaffung der Fusionskontrollbestimmungen angenommen worden ist und in den allgemeinen Diskussionen häufig auch befürchtet wird. Wettbewerb und Konzentration sind nicht die positive und negative Seite ein und derselben Medaille. Das ergibt sich schon aus einer ganz einfachen Überlegung: Wenn auf einem gedachten Markt von anfänglich 60 Unternehmen nach 10 Jahren nur noch 30 tätig sind, sagt diese Information allein nichts über die Wesentlichkeit des Wettbewerbs aus. Gleichwohl war in diesem Fall die Konzentration ganz beträchtlich! Der Konzentrationsgrad ist, um ein konkretes Beispiel zu nennen, bei Kraftfahrzeugen hoch. In der Bundesrepublik werden Personenkraftwagen und Kleinomnibusse von 10 Unternehmen mit einem Produktionswert von mehr als 70 Mrd DM hergestellt. Es handelt sich prima vista um einen hochkonzentrierten Markt. Das Angebot von PKW wird jedoch durch Importwettbewerb beträchtlich erweitert. Auch in einem solchen Falle würde wohl niemand zögern, die Funktionsfähigkeit des Wettbewerbs festzustellen. Die geringe Zahl der untersagten Fälle läßt durchaus den Schluß zu, daß es um den Wettbewerb gar nicht so schlecht bestellt ist, wie immer wieder behauptet wird. Trotzdem wird die Aussage nicht falsch, daß der Zustand der Konzentration auf einer Reihe von Märkten bedenklich ist. Er nimmt zu, auch ohne daß Unternehmen sich zusammenschließen, ganz einfach dadurch, daß die Zahl der Unternehmen abnimmt und die großen Unternehmen noch größer werden. Genauere Erkenntnisse bringt nur die Untersuchung von Einzelmärkten und Wirtschaftszweigen.

Die Beobachtung der Konzentration anhand der Unternehmensstatistik und der Vergleich der Industriezweige ergeben ein recht heterogenes Bild. Bereiche mit zunehmender Konzentration stehen neben solchen mit gleichbleibender und anderen mit abnehmender Konzentration. Mit zunehmender Verbrauchsnähe eines Industriezweiges sinkt der Konzentrationsgrad. Insgesamt ergibt sich über einen längeren Zeitraum ein langsamer, aber doch stetig zunehmender Konzentrationsprozeß der Wirtschaft. Vor allem ist in Industriezweigen mit großer Unternehmenszahl die Konzentration beträchtlich gestiegen. Die größten Unternehmen eines Industriezweiges wachsen im allgemeinen stärker als die mittleren und kleinen.

Wichtiger als solche generellen Aussagen ist die Kenntnis der Konzentration auf Märkten. Die Unternehmenskonzentration auf Warenmärkten kann statistisch nicht direkt erfaßt werden. Die Prüfung der Märkte geschieht deshalb immer nur in den einzelnen interessierenden, also meist nur in den kontrollpflichtigen Fällen. Aussagen über den Konzentrationsgrad in Industriegruppen und Warenklassen sind immer nur eine grobe Annäherung. Die Konzentration auf den betroffenen Warenmärkten wird dabei regelmäßig zu gering eingeschätzt. Trotz dieser Einschränkungen kann abschließend festgestellt werden, daß in den marktwirtschaftlich organisierten Bereichen - auch nach der Ansicht der Monopolkommission - der Wettbewerb recht unterschiedlich, aber auch da wo er schwach ist, immer noch ausreichend funktioniert.

2.4 Mißbrauchsaufsicht über marktbeherrschende Unternehmen

2.4.1 Allgemeine Grundsätze

Die Mißbrauchsaufsicht über marktbeherrschende Unternehmen sollte die dritte Säule sein, die das Kartellgesetz trägt. Wir werden zeigen, daß und warum sie diesem Anspruch nur eingeschränkt genügen kann.

Trotz Kartellverbots (mit kontrollierter Zulassung) und Fusionskontrolle gibt es Märkte, auf denen der Wettbewerb nicht funktioniert. Unternehmen können auch ohne Fusion aus eigener Kraft eine Größe erreicht haben, die ihnen erlaubt, sich dem Wettbewerbsprozeß zu entziehen. Dann besteht nicht länger die Gewähr, daß schlechte Leistungen für den Markt als Verlust bestraft und gute unternehmerische Leistungen durch Gewinn belohnt werden. Die fehlende Begrenzung der Freiheitsräume marktbeherrschender Unternehmen läßt Mißbräuche möglich werden. Das Kartellgesetz bestimmt deshalb, daß die Kartellbehörden, wo die Kontrolle durch Wettbewerb ausfällt, die Kontrollfunktion übernehmen. Sie können dies nicht in der Weise tun, daß sie die Marktbeherrschung eines Unternehmens ein für alle Mal feststellen, gleichsam Listen der marktbeherrschenden Unternehmen erarbeiten und Verhaltensrichtlinien erlassen und überwachen. Aufgrund solcher Spielregeln müßten die Unternehmen wissen, was sie zu tun und zu lassen haben. Aber so einfach ist die Mißbrauchsaufsicht nicht und das ist gut so. Marktbeherrschung ist in mehrfacher Weise relativ.

Gedankliche Voraussetzung für Marktbeherrschung ist die Definition des relevanten Marktes in bezug auf Waren, Abnehmer oder Lieferanten sowie räumlich, geographisch und evtl. auch zeitlich. Wir brauchen hier die Grundsätze der Abgrenzung der relevanten Märkte nicht zu wiederholen (vgl. S. 75 ff.). Sie kann unterschiedlich sein je nach dem konkreten Anlaß eines Verfahrens.

Definition der Marktbeherrschung

Die Definition des marktbeherrschenden Unternehmens (vgl. § 22 GWB) verwendet zwei Tatbestände selbständig nebeneinander:

Das »Fehlen wesentlichen Wettbewerbs« und »eine überragende Marktstellung«. Die Arbeit der Kartellbehörde mit diesen schwierigen Begriffen wird dadurch erleichtert, daß nach der gesetzlichen Formulierung Marktbeherrschung vermutet wird, wenn Unternehmen die im § 22 Abs. 3 genannten Marktanteile besitzen: Marktanteil eines Unternehmens von mindestens einem Drittel; mindestens 50% bei drei oder zwei Unternehmen; zwei Drittel bei fünf oder weniger Unternehmen. Die Vermutung kann allerdings widerlegt werden. Andererseits sind auch die Kartellbehörden nicht sklavisch an sie gebunden.

Dritter Abschnitt. Marktbeherrschende Unternehmen

§ 22 (Marktbeherrschende Unternehmen; Befugnisse der Kartellbehörde)

(1) Ein Unternehmen ist marktbeherrschend im Sinne dieses Gesetzes, soweit es als Anbieter oder Nachfrager einer bestimmten Art von Waren oder gewerblichen Leistungen

1. ohne Wettbewerber ist oder keinem wesentlichen Wettbewerb ausgesetzt ist oder
2. eine im Verhältnis zu seinen Wettbewerbern überragende Marktstellung hat; hierbei sind außer seinem Marktanteil insbesondere seine Finanzkraft, sein Zugang zu den Beschaffungs- oder Absatzmärkten, Verflechtungen mit anderen Unternehmen sowie rechtliche oder tatsächliche Schranken für den Marktzutritt anderer Unternehmen zu berücksichtigen.

(2) Als marktbeherrschend gelten auch zwei oder mehr Unternehmen, soweit zwischen ihnen für eine bestimmte Art von Waren oder gewerblichen Leistungen allgemein oder auf bestimmten Märkten aus tatsächlichen Gründen ein wesentlicher Wettbewerb nicht besteht und soweit sie in ihrer Gesamtheit die Voraussetzungen des Absatzes 1 erfüllen.

(3) Es wird vermutet, daß

1. ein Unternehmen marktbeherrschend im Sinne des Absatzes 1 ist, wenn es für eine bestimmte Art von Waren oder gewerblichen Leistungen einen Marktanteil von mindestens einem Drittel hat; die Vermutung gilt nicht, wenn das Unternehmen im letzten abgeschlossenen Geschäftsjahr Umsatzerlöse von weniger als 250 Millionen Deutscher Mark hatte;
2. die Voraussetzungen des Absatzes 2 vorliegen, wenn für eine bestimmte Art von Waren oder gewerblichen Leistungen
   a) drei oder weniger Unternehmen zusammen einen Marktanteil von 50 vom Hundert oder mehr haben oder
   b) fünf oder weniger Unternehmen zusammen einen Marktanteil von zwei Dritteln oder mehr haben;

   die Vermutung gilt nicht, soweit es sich um Unternehmen handelt, die im letzten abgeschlossenen Geschäftsjahr Umsatzerlöse von weniger als 100 Millionen Deutscher Mark hatten.

Widerlegbare Vermutungen!

Für die Berechnung der Marktanteile und der Umsatzerlöse gilt § 23 Abs. 1 Satz 2 bis 10 entsprechend.

(4) Die Kartellbehörde hat gegenüber marktbeherrschenden Unternehmen die in Absatz 5 genannten Befugnisse, soweit diese Unternehmen ihre marktbeherrschende Stellung auf dem Markt für diese oder andere Waren oder gewerbliche Leistungen mißbräuchlich ausnutzen. Ein Mißbrauch im Sinne des Satzes 1 liegt insbesondere vor, wenn ein marktbeherrschendes Unternehmen als Anbieter oder Nachfrager einer bestimmten Art von Waren oder gewerblichen Leistungen

1. die Wettbewerbsmöglichkeiten anderer Unternehmen in einer für den Wettbewerb auf dem Markt erheblichen Weise ohne sachlich gerechtfertigten Grund beeinträchtigt;
2. Entgelte oder sonstige Geschäftsbedingungen fordert, die von denjenigen abweichen, die sich bei wirksamem Wettbewerb mit hoher Wahrscheinlichkeit ergeben würde; hierbei sind insbesondere die Verhaltensweisen von Unternehmen auf vergleichbaren Märkten mit wirksamen Wettbewerb zu berücksichtigen;
3. ungünstigere Entgelte oder sonstige Geschäftsbedingungen fordert, als sie das marktbeherrschende Unternehmen selbst auf vergleichbaren Märkten von gleichartigen Abnehmern fordert, es sei denn, daß der Unterschied sachlich gerechtfertigt ist.

(5) Die Kartellbehörde kann unter den Voraussetzungen des Absatzes 4 marktbeherrschenden Unternehmen ein mißbräuchliches Verhalten untersagen und Verträge für unwirksam erklären; § 19 gilt entsprechend. Zuvor soll die Kartellbehörde die Beteiligten auffordern, den beanstandeten Mißbrauch abzustellen.

(6) Soweit die Voraussetzungen des Absatzes 1 bei einem Konzernunternehmen im Sinne des § 18 des Aktiengesetzes vorliegen, stehen der Kartellbehörde die Befugnisse nach Absatz 5 gegenüber jedem Konzernunternehmen zu.

Wenn man einen Markt eingegrenzt hat, dann bereitet es keine besonderen Schwierigkeiten, § 22 GWB auf Monopolunternehmen anzuwenden, ob sie nun den Gesamtmarkt beherrschen oder nur einen regionalen Teilmarkt. Wenn jedoch kein einzelnes Unternehmen über eine überragende Marktstellung verfügt, dann ist im allgemeinen die Feststellung, ob mehrere Unternehmen marktbeherrschend sind, also die Feststellung eines marktbeherrschenden Oligopols, besonders schwierig. Die bereits erwähnten Vermutungskriterien erleichtern die Tätigkeit der Behörden.

Und wieder: der relevante Markt

Der erste Angriff der Verteidigung gegen die Marktbeherrschungsvermutung richtet sich gegen die Abgrenzung des relevanten Marktes. Denn je weiter die Grenzen des Marktes gefaßt werden, desto geringer sind die Marktanteile und desto weniger greift die quantitative Vermutung der Marktbeherrschung. Was zu diesen Fragen im Zusammenhang mit der Fusionskontrolle ausgeführt worden ist, gilt auch für die Mißbrauchsaufsicht über marktbeherrschende Unternehmen.

Zur weiteren Abwehr des Marktbeherrschungsverdachts wird alles dargelegt, was an Wettbewerbshandlungen vorgekommen ist. Die übliche Formaldefinition des Wettbewerbs lädt dazu ein: Wirtschaftlicher Wettbewerb ist jede rechtlich zulässige Maßnahme, die einen Vorteil für das eigene Unternehmen zu erlangen geeignet ist. Wenn man von dieser Vorstellung von Wettbewerb ausgeht, dann muß man zahlreiche einzelne Handlungen die im zeitlichen Ablauf von aktiven und passiven Wettbewerbern vorgenommen worden sind, mosaikartig zusammenfügen zu einem Bild vom Wettbewerb, um zu prüfen, ob alles zusammen wesentlichen Wettbewerb ergibt. Diese Methode führt, ganz abgesehen vom Arbeits- und Zeitaufwand, zu keinen brauchbaren Ergebnissen. Schlafmützenmonopole gibt es kaum. Wirtschaftliche Machtstellungen können mit diesem Prüfungsansatz nicht wirksam kontrolliert werden. Besser ist, die überragende Marktstellung zu bestimmen, also mit Hilfe der Marktanteile, der Finanzkraft, des Zugangs zu den Beschaffungs- und Absatzmärkten sowie der Marktzutrittsschranken den Vorsprung, die Überlegenheit eines der Marktbeherrschung verdächtigen Unternehmens gegenüber seinen Wettbewerbern zu bestimmen.

Marktbeherrschendes Oligopol

Besteht Verdacht, daß mehrere Unternehmen marktbeherrschend sind, so ist eine zweifache Prüfung anzustellen. Erste Voraussetzung für den Nachweis eines wettbewerbslosen Oligopols ist die Feststellung, daß zwischen mehreren Unternehmen kein wesentlicher Wettbewerb besteht. Zweitens ist nachzuweisen, daß die Oligopolgruppe gegenüber den anderen Wettbewerbern eine überragende Marktstellung besitzt oder daß sie keinem wesentlichen Wettbewerb anderer Unternehmen ausgesetzt ist. Für die Bestimmung des wesentlichen Wettbewerbs der oligopolistischen Unternehmen untereinander ist also die Mosaikmethode weiterhin anzuwenden.

Mißbrauchsaufsicht soll monopolistisches und oligopolistisches Verhalten korrigieren. Nach § 22 GWB ist die Kartellbehörde befugt, ein mißbräuchliches Verhalten zu untersagen und Verträge für unwirksam zu erklären, wenn Unternehmen ihre marktbeherrschende Stellung mißbräuchlich ausnutzen. Die Kartellbehörde kann also nur mißbräuchliches Verhalten im Einzelfall korrigieren, sie ist nicht zu umfassenderen Verhaltenskontrollen berechtigt.

Mißbräuchliches Verhalten

Es gibt viele denkbare Formen mißbräuchlichen Verhaltens. Es ist deshalb nicht möglich, alle vorkommenden Mißbrauchstatbestände aufzuzählen. Das Gesetz nennt beispielhaft (§ 22 Abs. 4), ohne die Mißbrauchsaufsicht darauf zu beschränken, die wichtigsten Mißbrauchstatbestände. Ein Mißbrauch liegt insbesondere vor, wenn (verkürzt wiedergegeben) ein marktbeherrschendes Unternehmen

1. die Wettbewerbsmöglichkeiten anderer Unternehmen ohne sachlichen Grund beeinträchtigt;
2. Preise fordert, die vom Wettbewerbspreisniveau abweichen;
3. ohne sachlichen Rechtfertigungsgrund ungünstigere Preise fordert, als sie das Unternehmen selbst auf anderen Märkten fordert.

Diese Konkretisierung des Mißbrauchsbegriffs zeigt, daß der Gesetzgeber auch Preisaufsicht über marktbeherrschende Unternehmen erwartet. Dieses

Postulat, daß die Marktgegenseite gegen Ausbeutung durch das marktbeherrschende Unternehmen zu schützen ist, hat einen jahrelangen und lebhaften Meinungsstreit heraufbeschworen, der vom Gesetzgeber in der oben genannten Weise entschieden wurde. Die Meinungsverschiedenheiten haben ihren Ursprung in ordnungspolitisch unterschiedlichen Leitbildern und in Zweifeln an der Effizienz einer ernstlich ausgeübten Preismißbrauchsaufsicht. Jede Preiskontrolle löst, häufig unvorhersehbar, Nebenwirkungen aus, die nicht gewollt sein können und unerwünscht sind. Anhand der späteren Einzelbeispiele wird die Bedeutung dieser theoretischen Kontroverse noch deutlicher werden.

Die Meßlatte

Maßstab, mit welchem mißbrauchsverdächtige Preise marktbeherrschender Unternehmen gemessen werden, ist der Wettbewerbspreis. Marktbeherrschende Unternehmen dürfen grundsätzlich nur die im Wettbewerb durchsetzbaren Preise fordern. Das Fordern höherer Preise ist mißbräuchlich. Unterschiedlich hohe Kosten brauchen nur insoweit berücksichtigt zu werden, als sie auch bei wirksamem Wettbewerb zu entsprechend höheren Preisen geführt hätten. Die Schwierigkeiten, hinreichend genau einen Wettbewerbspreis zu ermitteln, der als Maßstab für die Korrektur überhöhter Preise verwendet werden kann, sind ganz beträchtlich. Zur Lösung dieser Aufgabe bedienen sich die Kartellbehörden und die Gerichte des Vergleichsmarktkonzeptes.

Der mißbrauchsverdächtige Preis soll an einem empirisch festgestellten unverdächtigen Preis auf vergleichbaren örtlichen oder sachlichen Märkten gemessen werden. Die Schwierigkeiten, die sich dabei bieten, sind beträchtlich: Marktunterschiede müssen eliminiert, machtbedingte Einflußfaktoren von den marktbedingten getrennt werden. Das Vergleichsmarktkonzept bringt es notwendigerweise mit sich, daß Unsicherheitsfaktoren, die kaum numerisch genau zu erfassen sind, sich regelmäßig zugunsten der Betroffenen auswirken. Eine Gesamtbetrachtung aller Umstände ist notwendig, damit eine so verstandene Mißbrauchsaufsicht nicht zu unsinnigen Ergebnissen führt.

2.4.2 Das Bundeskartellamt als Preisbehörde? Beispielsfälle

Auf dieser nur kurz skizzierten rechtlichen Grundlage übt das Bundeskartellamt seine Mißbrauchsaufsicht über marktbeherrschende Unternehmen aus. Die Tätigkeit des Amtes hat in den vergangenen Jahren zu wenigen, aber weithin beachteten Entscheidungen geführt. An ihnen hat sich die Grundsatzdiskussion wieder entzündet, ob behördliche Preis- und notfalls auch Kostenkontrolle unserem, auf freier Unternehmerentscheidung beruhenden marktwirtschaftlichen System überhaupt entspricht, ob dirigistische Eingriffe solchen Ausmaßes zweckmäßig und wirtschaftlich sinnvoll sind.

Der Vitamin-B_{12}-Fall

In einer Entscheidung gegen die Firma Merck hat das Bundeskartellamt 1974 angeordnet, die Preise für Vitamin B 12 um 60 bis 70% zu senken. In einer ähnlichen Entscheidung hat es dem pharmazeutischen Unternehmen Hoffmann-La Roche aufgegeben, die Herstellerpreise für Valium und Librium um 35% bzw. 40% zu senken.

Valium- und Libriumpreise

Die deutschen Valium-Preise hatten zum Zeitpunkt der Entscheidung beträchtlich über denen sämticher EWG- und EFTA-Staaten gelegen, so z. B. um 50% über den Valium-Preisen in Frankreich und Italien; sie haben das Dreifache der Preise in Großbritannien betragen, bevor dort die Regierung im April 1973 eine Senkung der Preise um 75% bei Valium und 60% bei Librium angeordnet hat. Zur Ermittlung der Grenze, von der ab die deutschen Valium-und Librium-Preise mit Sicherheit mißbräuchlich sind, hat das Bundeskartellamt die italienischen Wettbewerbspreise für den Valium- und Librium-Wirkstoff zum Vergleich herangezogen, weil in Italien für Arzneimittel kein Patentschutz besteht und der Wettbewerb dort intensiver gewesen ist. Es hat alle Kostenansätze in der Hoffmann-La Roche-Kalkulation übernommen, einschließlich der Forschungs-und Werbeausgaben, und lediglich die italienischen Wirkstoffpreise in die Roche-Kalkulation an Stelle der Wirkstoff-Verrechnungspreise eingesetzt, welche Roche, Grenzach, an Roche, Basel, entrichtet. Das Kammergericht hat bis auf Änderungen des Umfanges der Preissenkung das Bundeskartellamt bestätigt. Der Bundesgerichtshof hat die Entscheidungen des Bundeskartellamtes und des Kammergerichts im Merck-Fall (Vitamin B 12) aufgehoben und den Kammergerichtsbeschluß gegen Hoffmann-La Roche (Valium, Librium) zurückverwiesen. Nach eingehender Marktuntersuchung und einer zweiten Kammergerichtsentscheidung im wesentlichen wiederum zugunsten des Bundeskartellamtes hat der BGH 1980 nach mehr als fünfjähriger gerichtlicher Auseinandersetzung endgültig zugunsten des Unternehmens entschieden.

Multinationale Unternehmen

Mit der Erwähnung der konzerninternen Wirkstoffverrechnungspreise berühren wir die besondere Problematik der Mißbrauchskontrolle bei multinationalen Unternehmen. Sie hatte sich mit aller Schärfe nach der Mineralölkrise 1973/74 gezeigt. In solchen Fällen hilft auch die Überprüfung der Kalkulationen der inländischen Tochtergesellschaften internationaler Unternehmen nur wenig. Die Frage, ob multinationale Unternehmen von nationalen Instanzen überhaupt wirksam kontrolliert werden können, hat im Zusammenhang mit der damaligen Diskussion ein solches Gewicht erlangt, daß sich internationale Organisationen, wie z. B. die Vereinten Nationen, die Welthandelskonferenz, internationale Gewerkschaftsverbände und die OECD sehr eingehend damit befassen. Im Unterschied zu den nationalen

Behörden verfügt die auch für Kartelle und marktbeherrschende Unternehmen zuständige Kommission der Europäischen Gemeinschaften in Brüssel über alle Rechte und Möglichkeiten, die in ihrem Bereich ansässigen internationalen Gesellschaften zu prüfen, wenn sie dies für erforderlich hält. Sie kann die notwendigen Informationen beschaffen und auch wettbewerbsrechtliche Maßnahmen durchsetzen.

Um diese, für die Preismißbrauchsaufsicht entwikkelten theoretischen und praktischen Instrumente sind nach jedem größeren Verfahren heftige ordnungspolitische Diskussionen entbrannt, die in der Zwischenzeit wieder verebbt sind. Der wichtigste Grund dafür dürfte sein, daß Mißbrauchsaufsicht als Preisaufsicht sehr zurückhaltend ausgeübt wird. Eine direkte Preiskontrolle wird auf eklatante und langfristig anhaltende Preismißbräuche, wie z. B. beim Blutgerinnungsmittel Faktor VIII und bei dem Antidiabetikum Euglucon, beschränkt bleiben. Die in der Bundesrepublik angebotenen Blutgerinnungsmittel kommen aus USA. Dort betrugen die Preise allerdings nur ein Fünftel der deutschen Preise. Nachdem die Unternehmen ihre Preise beträchtlich gesenkt hatten, konnte das Verfahren eingestellt werden. Im zweiten Fall stützte das Bundeskartellamt seinen Mißbrauchsverdacht auf die extrem hohe Differenz zwischen Herstellkosten und Erlös und die daraus entstehenden außerordentlich hohen Gewinne der beiden Hersteller. Die Herstellkosten betrugen etwa 10% der Herstellerabgabepreise. Unter Wettbewerbsbedingungen dürften sich wohl derartige Preise und Gewinne auf Dauer nicht erzielen lassen. Im Laufe des Mißbrauchsverfahrens haben die beiden Unternehmen ihre Abgabepreise in mehreren Schritten um mehr als 50% gesenkt; auch dieses Verfahren konnte eingestellt werden.

Bei jedem Verfahren dieser Art der Kontrolle unternehmerischen Verhaltens muß immer auch nach den

Nebenwirkungen von preiswirksamen behördlichen Maßnahmen gefragt werden. Die Interdependenz der einzelnen Wirtschaftsbereiche ist unterschiedlich. Wo sie hoch ist, können Eingriffe an einer Stelle beträchtliche Auswirkungen an anderer Stelle haben. Wie schon erwähnt wurde, sind 1973/74 die Kraftstoffpreise beträchtlich erhöht worden. Gegen die führenden Mineralölunternehmen wurden Mißbrauchsverfahren eingeleitet. Preissenkungsverfügungen hätten diese Unternehmen sicher unangenehm getroffen, ihre weitere Tätigkeit jedoch nicht entscheidend beeinträchtigt. Aber diejenigen Unternehmen, die außer ihnen am Markt anboten, insbesondere der mittelständische Mineralölhandel und die freien Tankstellen, wären durch solche Preissenkungsverfügungen, die sich gar nicht gegen sie gerichtet hätten, der sie aber tatsächlich hätten folgen müssen, existenzgefährdend getroffen worden. Denn die hohen Einstandspreise der kleineren Konkurrenten waren von der Kartellbehörde nicht zu beeinflussen. Die Verluste hätten diese Unternehmensgruppe wohl dezimiert. Die Marktstruktur wäre beträchtlich schlechter geworden. Daß die Kartellbehörde damals keine rigorose Preismißbrauchsaufsicht getrieben hat – ganz abgesehen davon, ob sie die notwendigen Informationen hätte beschaffen können, um eine solche durchzuführen – hatte einen zweiten Vorteil: Wegen des in der Bundesrepublik höheren Preisniveaus wurden unsere Märkte in ausreichendem Maße mit Ware versorgt. Durch behördliche Maßnahmen niedrig gehaltene Preise führen in Situationen relativer Warenknappheit dazu, daß die Warenströme Märkte mit höheren Preisen aufsuchen, Niedrigpreismärkte meiden, so daß hier sich die Versorgungssituation ganz beträchtlich verschlechtert. Solche und ähnliche Nebenwirkungen sind Gründe dafür, daß die Kontrolle der Preishöhe weiterhin nur eine untergeordnete Rolle spielen wird. Die Entwicklung und das Schicksal der Preishö-

Ungewollte Nebenwirkungen

Bekämpfung mißbräuchlicher Behinderung ist wirksamer als Preiskontrolle

henkontrolle zeigt den Einfluß einer reiferen Wettbewerbstheorie auf die Entscheidungspraxis der Kartellbehörden und der Gerichte. Das Nachdenken über den Gesamtzusammenhang und die Interdependenz aller Marktvorgänge führt zur Erkenntnis beträchtlicher nicht erwünschter Nebenwirkungen einer rigorosen Preiskontrolle. In konkreten Fällen gibt es häufig andere Möglichkeiten auf die Marktergebnisse einzuwirken: Werden langjährige Bezugsbindungen aufgehoben und diskriminierende Lieferverweigerungen beseitigt, ist für den Wettbewerb oft mehr getan als durch dirigistische Preiskontrolle. Vorrangiges Ziel der Mißbrauchsaufsicht des Bundeskartellamtes ist deshalb die Beseitigung von Behinderungsmißbräuchen.

2.4.3 Behinderung als Mißbrauchstatbestand

Ein Bericht über die Bekämpfung von Behinderungspraktiken marktbeherrschender Unternehmen ist weniger negativ als der Bericht über die Preismißbrauchsaufsicht. Die Bekämpfung der Behinderungsstrategien marktbeherrschender Unternehmen ist ein Schwerpunkt der Tätigkeiten des Bundeskartellamtes. Bekämpft werden sollen alle Maßnahmen, die geeignet sind, eine beherrschende Stellung abzusichern, auszubauen oder auf andere Märkte und Wirtschaftsstufen auszudehnen. Verhindert werden soll der Einsatz leistungsfremder, diskriminierender und konzentrativ wirkender Wettbewerbsmittel. Es geht im wesentlichen um Maßnahmen auf Märkten, die durch starke Positionen in gewisser Weise bereits verdorben sind. Entscheidend für ein Eingreifen der Behörden ist die weitere Gefährdung der Marktstruktur. Die Beeinträchtigung braucht noch nicht eingetreten zu sein, es reicht aus, daß eine weitere Verschlechterung der Wettbewerbsbedingungen zu erwarten ist. Nur auf diese Weise kann Mißbrauchsaufsicht ihrem Präventionszweck gerecht werden, den Restwettbewerb zu erhalten und die Ausweitung irreparabler Marktstrukturschäden schon im Ansatz zu verhindern.

§ 26 (Verbot von Liefer- oder Bezugssperren; Diskriminierungsverbot)

(1) Unternehmen und Vereinigungen von Unternehmen dürfen nicht ein anderes Unternehmen oder Vereinigungen von Unternehmen in der Absicht, bestimmte Unternehmen unbillig zu beeinträchtigen, zu Liefersperren oder Bezugssperren auffordern.

(2) Marktbeherrschende Unternehemn, Vereinigungen von Unternehmen im Sinne der §§ 2 bis 8, 99 Abs. 2, § 100 Abs. 1 und 7, §§ 102 bis 103 und Unternehmen, die Preise nach den §§ 16, 100 Abs. 3 oder § 103 Abs. 1 Nr. 3 binden, dürfen ein anderes Unternehmen in einem Geschäftsverkehr, der **gleichartigen** Unternehmen **üblicherweise** zugänglich ist, weder unmittelbar noch mittelbar unbillig behindern oder gegenüber gleichartigen Unternehmen **ohne sachlich gerechtfertigten Grund** unmittelbar oder mittelbar unterschiedlich behandeln. Satz 1 gilt auch für Unternehmen und Vereinigungen von Unternehmen, soweit von ihnen Anbieter oder Nachfrager einer bestimmten Art von Waren oder gewerblichen Leistungen in der Weise abhängig sind, daß ausreichende und zumutbare Möglichkeiten, auf andere Unternehmen auszuweichen, nicht bestehen. Für das Untersagungsverfahren nach §37a Abs. 2 wird vermutet, daß ein Anbieter einer bestimmten Art von Waren oder gewerblichen Leistungen von einem Nachfrager abhängig im Sinne des Satzes 2 ist, wenn dieser Nachfrager bei ihm zusätzlich zu den verkehrsüblichen Preisnachlässen oder sonstigen Leistungsentgelten regelmäßig besondere Vergünstigungen erlangt, die gleichartigen Nachfragern nicht gewährt werden.

(3) Marktbeherrschende Unternehmen und Vereinigungen von Unternehmen im Sinne des Absatzes 2 Satz 1 dürfen ihre Marktstellung nicht dazu ausnutzen, andere Unternehmen im Geschäftsverkehr zu veranlassen, ihnen ohne sachlich gerechtfertigten Grund Vorzugsbedingungen zu gewähren. Satz 1 gilt auch für Unternehmen und Vereinigungen von Unternehmen im Sinne des Absatzes 2 Satz 2 im Verhältnis zu den von ihnen abhängigen Unternehmen.

Ausnutzung von Abhängigkeit

Unterhalb der Schwelle der Marktmacht nach § 22 können von starken, aber noch nicht marktbeherrschenden Unternehmen erhebliche Wettbewerbsverfälschungen ausgehen, sofern sie zur Stärkung ihrer Marktposition die Abhängigkeit ihrer Lieferanten oder Abnehmer ausnutzen. Das Bundeskartellamt setzt daher auch die Eingriffsmöglichkeiten des § 26 Abs. 2 Satz 2 zur Bekämpfung von Behinderungen im vertikalen Bereich ein. Um unbillige Behinderungen kleiner und mittlerer Unternehmen durch potente Wettbewerber auf horizontaler Ebene zu verhindern, ist das Gesetz durch Einführung des § 37a Abs. 3 ergänzt worden. Damit soll die zwischen § 22 Abs. 4 und § 26 Abs. 2 Satz 2 bislang vorhandene Lücke geschlossen werden. Gedacht war an die Behinderung kleinerer Wettbewerber durch systematische Lockvogelangebote zu nicht kostendeckenden Preisen. Diese Vorschrift hat sich jedoch nicht bewährt und sie steht erneut in der gesetzgeberischen Diskussion.

2.4.4 Beispiele für Behinderungsmißbräuche

Eine wichtige, wenn auch ältere Entscheidung mit Signalwirkung betrifft den Markt für Handpreisauszeichnungsgeräte. Der maßgebende Anbieter hat auf diesem Markt eine marktbeherrschende Stellung. Durch Verfügung des Bundeskartellamtes vom 2. Oktober 1967 sind die Kaufverträge dieses Unternehmens über seine Handpreisauszeichnungsgeräte insoweit für unwirksam erklärt worden, als sie den Käufer verpflichteten, nur die von dem Unternehmen gelieferten Haftetiketten zu verwenden und diese während der Garantiedauer von fünf Jahren ausschließlich von ihm zu beziehen.

Handpreisauszeichner sind revolverähnliche Geräte, mit deren Hilfe in Einzelhandelsgeschäften die Preisetiketten auf Dosen, Schachteln, Flaschen, Tüten und anderem Verpackungsmaterial aufgeklebt werden. Drucken und Kleben geschieht in einem Vorgang. Die Gruppe der Handpreisauszeichner bildet einen eigenen Markt. Stempelgeräte und Handpreisauszeichner sind nicht gleichwertig. Stempelgeräte kommen z. B. nicht für runde oder unregelmäßig geformte Gegenstände und auch nicht für leicht verformbare und zerbrechliche Gegenstände in Betracht. Überdies können im Unterschied zu Etiketten gestempelte Preisangaben nicht so einfach von der Verpackung entfernt werden. Stationäre elektrisch angetriebene Druck- und Etikettiermaschinen gehören ebenfalls nicht zu diesem relevanten Markt.

Nicht gerechtfertigte lange Bindung

Der marktbeherrschende Anbieter dieser Geräte nutzte seine Marktstellung dadurch mißbräuchlich aus, daß er die Abnehmer verpflichtete, für die Dauer von fünf Jahren ausschließlich die von ihm vertriebenen Haftetiketten zu beziehen. Der Einwand, für das einwandfreie Funktionieren der Geräte sei die Verwendung von den vom Marktbeherrscher angebotenen Etiketten unabdingbare Voraussetzung, konnte widerlegt werden. Die Abnehmer der Geräte wurden in ihrer wirtschaftlichen Handlungsfreiheit mißbräuchlich beschränkt. Eine mehrjährige Bezugsbindung für Etiketten könnte bei wesentlichem Wettbewerb nicht durchgesetzt werden. Kein Käufer eines Preisauszeichnungsgerätes wäre ohne weiteres bereit, eine derart weitgehende Bindung einzugehen, zumal die Etikettenpreise überhöht, also ebenfalls mißbräuchlich waren. Die Etiketten anderer Anbieter waren bis um 40% billiger. An diesen Preisen hätte sich der Marktbeherrscher orientieren müssen, wenn er sich ohne Bezugsbindung dem Wettbewerb ausgesetzt hätte.

Nach umfangreicher Beweisaufnahme hat das Kammergericht die Entscheidung des Bundeskartellamtes bestätigt. Die vom Unternehmen durchgesetzte Bezugsbindung nahm der Verbraucher nur auf sich, weil er die Geräte andernfalls nicht hat kaufen können und das Unternehmen Reparaturarbeiten an den Geräten selbst gegen Bezahlung nicht durchgeführt hat, wenn der Benutzer andere Etiketten verwendet hatte. Das Unternehmen nutzte seine marktbeherrschende Stellung auf dem Drittmarkt für Haftetiketten mißbräuchlich aus, denn die Bezugspflicht bewirkte, daß andere Etikettenanbieter von einem Teil des Etikettenmarktes völlig ausgeschlossen wurden. Die Abgabe einer stark gefragten Ware vom Bezug des für die Benutzung erforderlichen Hilfsstoffes abhängig zu machen, ist ein typischer Fall von Machtmißbrauch. Die Verfügung wurde unanfechtbar.

Konzentrationsrabatte

Im Sinne der Schwerpunkttätigkeit im Rahmen der Mißbrauchsaufsicht nach § 22 GWB hat das Bundeskartellamt dem größten inländischen Hersteller von Fertigfutter für Haustiere die weitere Praktizierung eines diskriminierenden und konzentrativ wirkenden Jahresbonussystems untersagt. Da der erreichbare Rabatt (Bonus) jeweils für die gesamten Jahresbezüge galt und mit der Umsatzhöhe stieg, enthielt dieses System nach Ansicht des Kartellamtes einen Anreiz zur Konzentration der Bezüge auf den marktbeherrschenden Lieferanten. Das Kammergericht hat im wesentlichen die Entscheidung des Bundeskartellamtes bestätigt und dargelegt, das beschwerdeführende Unternehmen mißbrauche seine marktbeherrschende Stellung dadurch, daß es die Wettbewerbsmöglichkeiten seiner Konkurrenten durch die Praktizierung eines an lange Bezugsperioden anknüpfenden Jahresbonussystems ohne sachliche Rechtfertigung erheblich beeinträchtige. Das Verfahren vor dem Bundesgerichtshof ist nicht durchgeführt worden.

Neben derartigen jahresbezogenen Umsatzvergütungen können auch andere Rabattbonussysteme von marktbeherrschenden oder marktstarken Unternehmen zur Behinderung oder Verdrängung kleinerer Konkurrenten eingesetzt werden. Ebenfalls konzentrative Wirkungen haben vor allem Systeme, die darauf abzielen, eine starke Marktposition bei einem bestimmten Artikel durch Kopplungsrabatte auf andere Märkte auszudehnen, auf denen die Stellung des Herstellers vergleichsweise schwächer ist. Ein anschauliches Beispiel bot die Rabattkopplung beim Absatz von Kaffee und Tee, die inzwischen aufgegeben worden ist.

Wegen der mit einem Gesamtbezugsrabatt verbundenen unbilligen Behinderung von Wettbewerbern hat das Bundeskartellamt das Rabattsystem des führenden Anbieters von Ackerschleppern untersagt. Er hatte durch dieses Rabattsystem seine starke Stellung auf dem Markt für Ackerschlepper auf andere Märkte ausgeweitet. Steigende Rabatte wurden allein für den Verzicht auf den Warenbezug bei Wettbewerbern gewährt. Das betroffene Unternehmen hat das beanstandete Verhalten abgestellt.

Verfahren dieser Art gab es viele. Alle diese in ihrer individuellen Ausgestaltung unterschiedlichen Systeme hatten den Zweck, den Absatz von Waren zu forcieren, bei denen der Lieferant weniger stark war. Mit steigenden Rabatten wird nicht die Leistung der Abnehmer, sondern der Verzicht auf den Bezug von Konkurrenzprodukten honoriert.

Zweitmarken gegen kleinere Wettbewerber

Ebenfalls kritisch beurteilt wird der Vertrieb von Zweitmarken marktbeherrschender Unternehmen. Markenartikelhersteller bieten dem Handel neben ihren Haupterzeugnissen Produkte annähernd gleicher Qualität unter einer Zweitmarke zu erheblich niedrigerem Preis an. Sofern diese Produkte zusammen mit den für den Handel unverzichtbaren Markenartikeln in die Gesamtumsatzrabattberechnung einbezogen werden, ergibt sich ein starker Anreiz auch zum Kauf der Zweitmarke. Durch diese Kopplung von verdeckter Preisspaltung und Gesamtumsatzrabattierung geraten diejenigen kleineren Wettbewerber in Schwierigkeiten, die hauptsächlich aufgrund ihres Preiswettbewerbs gegenüber den teueren Erzeugnissen des größten Herstellers bestehen konnten. Derartige Praktiken zur Behinderung und Verdrängung kleinerer Mitbewerber sind mit den Grundsätzen eines leistungsgerechten Wettbewerbs nicht vereinbar. Sie führen im allgemeinen auch zu einer Täuschung der Verbraucher und können zudem den Verdacht eines Preismißbrauchs bei der Erstmarke begründen.

Was hier über Behinderung und Verdrängung gesagt worden ist, muß erklärt und etwas relativiert werden. Deshalb sei eine kurze Zwischenbemerkung eingefügt. Wettbewerb, insbesondere neue Wettbewerber gefährden in aller Regel die am Markt bereits vorhandenen Unternehmen. Normalerweise werden die etablierten versuchen, ihre Marktstellung mit vielen Mitteln, auch mit günstigeren Preisen zu verteidigen. Sie erschweren damit den Marktzutritt neuer Wettbewerber. Das alles gehört jedoch zum Wesen des Wettbewerbs. Ein Behinderungsmißbrauch im kartellrechtlichen Sinne liegt erst dann vor, wenn marktbeherrschende oder marktstarke Anbieter schwächere Wettbewerber gezielt mit leistungswidrigen Mitteln vom Markt fernhalten oder verdrängen, etwa durch den Einsatz von überlegener Finanzkraft. Dazu ein Beispiel: Der Herausgeber eines Anzeigenblattes klagte auf Schadensersatz, da er von den Tageszeitungen in der betreffenden Region vom Markt verdrängt worden sei. Diese haben als Reaktion auf das Erscheinen des neuen Anzeigenblattes gemeinsam ein eigenes Anzeigenblatt herausgebracht und den Newcomer mit niedrigen Anzeigentarifen unterboten. Während des Preiskampfes arbeiteten beide Anzeigenblätter mit Verlust, so daß der auf Schadensersatz klagende Herausgeber nach einigen Monaten aufgab. Dieser Sachverhalt erfüllt nach der Entscheidung des Bundesgerichtshof noch nicht den Tatbestand einer unbilligen Behinderung. Nichtkostendeckende Preise sind nicht ohne weiteres leistungswidrig. Gerade in der Anlaufphase eines Anzeigenblattes wäre eine Preisgestaltung, die auf Kostendeckung abzielte, betriebswirtschaftlich wenig sinnvoll. Es kommt in solchen Fällen darauf an, daß die Preise betriebswirtschaftlich vernünftig

Der Kleine spielt jetzt aber mit! *Handelsblatt: Bensch*

kalkuliert sind, d. h. ob sie bei einem realistischerweise zu erwartenden Umsatzzuwachs auf längere Sicht kostendeckend bzw. gewinnbringend sind.

Private Funk- und Fernsehfirmen

Besonders große Schwierigkeiten beim Marktzutritt haben die privaten Anbieter von Hörfunk- und Fernsehprogrammen. Zu den medienpolitischen Unsicherheiten und technischen Schwierigkeiten kommt hinzu, daß die etablierten öffentlich-rechtlichen Anstalten den neuen Wettbewerbern den Marktzutritt beträchtlich erschweren, wenn sie ihr eigenes Programmangebot ausweiten oder sich an besonders publikumswirksamen Programmen Exklusivrechte sichern. So hat das Bundeskartellamt den sog. Globalvertrag beanstandet, den die öffentlich-rechtlichen Anstalten mit dem Deutschen Sportbund und den Spitzenverbänden der einzelnen Sportarten geschlossen haben. Dieser Vertrag sichert den öffentlich-rechtlichen Anstalten das »Recht des ersten Zugriffs« für die Verwertung von Sportveranstaltungen, insbesondere für Direktübertragungen. Nur wenn die öffentlich-rechtlichen Anstalten auf ihre

Übertragungsrechte verzichten, haben die Sportverbände die Möglichkeit, die Übertragung kurzfristig anderen Interessenten anzubieten. Die Prioritätsregelung zugunsten der etablierten Anbieter führt nach Auffassung des Bundeskartellamtes zu einer unbilligen Behinderung des Marktzutritts der privaten Fernsehveranstalter. Die Verfahren sind noch nicht abgeschlossen.

Nur wenige Beispiele konnten angeführt werden, um die Grundzüge und den Ansatz für die Bekämpfung des Diskriminierungs- und Behinderungsmißbrauchs darzulegen. Trotz der großen Bedeutung der Vorschriften der §§ 22 und 26 Abs. 2 GWB bei der Bekämpfung mißbräuchlicher Behinderungen dürfte klar geworden sein, daß es einen präzisen Verbotskatalog nicht geben kann.

Wir haben ausgeführt, in welcher Weise die Mißbrauchsaufsicht ergänzt wird insbesondere durch das Diskriminierungs- und Behinderungsverbot des § 26 Abs. 2, dem marktbeherrschende und andere Unternehmen unterliegen. Die Bedeutung des § 26 geht jedoch weiter. Die mit dieser Verbotsnorm geregelten Tatbestände können auch ohne Eingriff der Kartellbehörden verfolgt werden. Die Verletzung eines solchen Verbotes kann Schadens- und Unterlassungsansprüche begründen, die unmittelbar mit Hilfe der Gerichte durchgesetzt werden können.

3 Das ordnungspolitische Defizit

3.1 Kartellbehördliche Erfolgsbilanz?

Wir konnten nur in großen Zügen die tragenden Säulen des Kartellrechts behandeln. Wir haben darauf verzichtet, die Problematik der Ausnahmebereiche zu erörtern. Theoretiker und politisch Verantwortliche sind überzeugt, daß die wettbewerbsrechtliche Sonderstellung der Ausnahmebereiche nicht zu rechtfertigen ist. Eine entsprechende Änderung des Gesetzes wird zwar zur Zeit wieder einmal diskutiert, trotzdem ist nicht zu erwarten, daß die Sonderregelungen für alle Ausnahmebereiche beseitigt werden. Allenfalls werden einige Privilegien der Banken und Versicherungen aufgehoben.

Erfolge dieser Art lassen sich nicht quantifizieren

Ist es, ungeachtet der Schwächen des Kartellgesetzes, nicht vielleicht doch möglich, eine ordnungspolitische Erfolgsbilanz aufzustellen? Leider lassen sich die Erfolge, die durch die Anwendung des Kartellrechts erzielt worden sind, nicht quantifizieren. Weder läßt die Zahl der Bußgeldverfahren vernünftige Aussagen über den Wettbewerb in den einzelnen Wirtschaftszweigen zu, noch sagen das Ausmaß der Mißbrauchspflicht oder die Höhe der Geldbußen etwas Vernünftiges über das durch Absprachen verzerrte Preisniveau in einer Branche aus. Auch da, wo die Dunkelziffer der Ordnungswidrigkeiten sehr groß sein mag, ist die Tätigkeit der Wettbewerbshüter nicht sinnlos. Sie erzeugt abschreckende Wirkung, und vor allem wird dem Gesetzgeber vorgeführt, wo sich die neuralgischen Stellen der Marktwirtschaft befinden. Die Wissenschaft, als Politikberatung verstanden, mag die Ursachen aufdecken und auf Abhilfe sinnen.

Offene Grenzen und Märkte

Dies gilt auch für die Beurteilung der Zusammenschlußkontrolle. Bei fortschreitender Konzentration wird wohl eines Tages die derzeitige gesetzliche Regelung nicht als ausreichende Lösung des Konzentrationsproblems angesehen werden. Konzentration, die vor Einführung der Fusionskontrolle stattfand und die, die aufgrund internen Wachstums zunimmt, werden vom Gesetz nicht erfaßt. Die anhaltenden politischen, zum Teil auch wissenschaftlichen Diskussionen brachten noch keinen besseren Lösungsansatz. Kurzfristig ist dies auch nicht nötig. Die Zusammenfassung wirtschaftlicher Mittel zu größeren Produktions- und Unternehmenseinheiten widerpsricht an sich nicht den Spielregeln der marktwirtschaftlichen Ordnung. Wenn aber eine derartige Zusammenfassung dazu führt, daß der Wettbewerb die von ihm erwarteten Funktionen nicht mehr erfüllt, ist der marktwirtschaftliche Mechanismus als Instrument der Lenkung von Angebot und Nachfrage, der Art und Weise der Produktion und damit auch des technischen Fortschritts nicht länger geeignet. Daß die wirtschaftliche Konzentration bisher keine größeren Schäden angerichtet hat, verdanken wir unseren offenen Grenzen und Märkten. Durch die weitere Öffnung der nationalen Märkte zum einheitlichen europäischen Markt und zu den Weltmärkten ist für die Entfaltung des Wettbewerbs mehr getan worden als durch eine Verschärfung der nationalen wettbewerbsrechtlichen Regelungen oder durch staatliche Lenkung. Trotzdem bleibt die Weiterentwicklung unserer Wirtschaftsordnung eine permanente Aufgabe, die Weitblick, Standfestigkeit und Durchsetzungsvermögen erfordert.

3.2 Weiterentwicklung unserer Wirtschaftsordnung

Kriterium für Staatsinterventionen

Hat das Konzept der Sozialen Marktwirtschaft seine Anziehungskraft verloren? Halten wir zunächst fest: Marktwirtschaft löst das Problem, Waren und Dienstleistungen bereitzustellen, besser als jedes andere Wirtschaftssystem. Auch Wirtschaftsstrukturprobleme werden von Märkten, auf denen viele Unternehmen tätig sind, geräuschloser und wirksamer bewältigt, als von irgenwelchen behördlichen Lenkungseinrichtungen. Die notwendigen Umschichtungsvorgänge werden auf einen längeren Zeitraum verteilt und von einer größeren Zahl von kompetenzverdächtigen Unternehmern, welche ihre und alternative Märkte kennen, getroffen. Dabei hat der Staat wichtige Aufgaben zu erfüllen (vgl. Abschnitt 1.3). Er sollte es in einer marktwirtschaftlich konformen Weise tun. Daran fehlt es bis heute in mehrfacher Hinsicht. Die Funktionsfähigkeit unseres marktwirtschaftlichen Systems ist beeinträchtigt durch eine Reihe von Faktoren, die hier zwar nicht im einzelnen abgehandelt, aber doch wenigstens kurz genannt sein sollen.

Privatisierung

Der Staat selbst betätigt sich immer noch in zu vielen Bereichen als Unternehmer. Der Wettbewerb wird dadurch verfälscht. Der Staat sollte überprüfen, ob er als Eigentümer von Unternehmen gebraucht wird. Zum Teil liegt die Antwort als Privatisierungsforderung vor, aber die Privatisierung der Beteiligung des Staates und der Länder an Unternehmen wird nicht rasch und nicht energisch genug betrieben.

Deregulierung

Die Deregulierungsdiskussion hat bereits eingesetzt, aber sie sollte nicht vor den sog. Natürlichen Monopolen haltmachen. Als Natürliche Monopole gelten Eisenbahn, Post, zum Teil die Telekommunikation, Elektrizitäts-und andere Versorgungsunternehmen. Es ist mindestens die Frage zu erörtern, ob die in diesen Bereichen tätigen Monopolunternehmen nicht ihre Monopolmacht übermäßig in andere Bereiche hinein ausgedehnt haben. Die Kritiker sollten nicht ermüden, die Argumente der Landesväter immer wieder auf den Prüfstand zu stellen und marktwirtschaftliche Lösungen anbieten.

Subventionen verzerren den Wettbewerb

Staatliche Subventionen und sonstige Maßnahmen verzerren ebenfalls den Wettbewerb und regen die Konzentration in der privaten Wirtschaft an. Typische Beispiele sind die Rüstungswirtschaft, staatlich begünstigter Wohnungsbau und sonstige Wirtschaftsbereiche, für die der Staat immer wieder öffentliches Interesse geltend macht. Freilich kann eine viele Jahre gewährte Subvention nicht von heute auf morgen eingestellt werden. Dazu haben die Sünden der Väter gegen die Wirtschaftsordnung zu viele Probleme konserviert. Sie würden, beendete man die Subvention abrupt, massiert aufbrechen.

Der zweite Hemmschuh gegen die Überwindung der Subventionitis ist ihre internationale Verbreitung. Ein nicht subventioniertes Unternehmen, das auf den internationalen Märkten gegen hochsubventionierte Unternehmen aus anderen Staaten konkurriert, müßte schon sehr viel produktiver arbeiten als seine Wettbewerber. Diese Überlegung führt direkt in den internationalen Bereich und zeigt, daß zwischenstaatliche Verhandlungen notwendig sind, damit internationale Wettbewerbsverzerrungen abgebaut werden. Die Bundesregierung unterstützt Initiativen, die mehr Transparenz und Vergleichbarkeit in die Subventionsgewährung der Staaten bringen wollen. Insbesondere in der Europäischen Gemeinschaft und auch auf den internationalen Märkten muß der Subventionswettlauf verringert und der Leistungswettbewerb gestärkt werden.

Hilfsmaßnahmen sollten nur Anstöße sein für das erstrebte Verhalten der Betroffenen (Subsidiarität, Hilfe zur Selbsthilfe). Subventionen sollten nicht der Strukturerhaltung dienen, sondern der Anpassung und Produktivitätssteigerung, weil diese eher dazu beitragen, den notwendigen Strukturwandel zu fördern. Mitnahmeeffekte müssen möglichst klein gehalten, Zielsetzung und Auswirkung laufend kontrolliert werden. In einer wettbewerblich ausgerichteten Wirtschaftsordnung sollten Subventionen nur gewährt werden, wenn damit ein unverzichtbares übergeordnetes Interesse erfüllt wird. Die Anstrengungen, die Subventionen zu reduzieren, sind beträchtlich. Dessen ungeachtet sind die Subventionsausgabe des Bundes und der Länder ständig angestiegen. Ein internationaler Vergleich der Subventionsausgaben im Verhältnis zum Bruttosozialprodukt zeigt, daß die Bundesrepublik einen mittleren Platz einnimmt.

Gesellschafts- und Steuerrecht

Das Gesellschafts- und Steuerrecht ist sorgfältig daraufhin zu prüfen, wodurch immer noch die Unternehmenskonzentration begünstigt wird. Die Ablösung der Umsatzsteuer durch die Mehrwertsteuer war bereits ein recht positiver Schritt. Im Steuerrecht begünstigen das Schachtelprivileg und die Anerkennung der steuerlichen Organschaft die Konzentration. Im Aktienrecht wäre auch die Zahl der Aufsichtsratsmandate, die eine Person haben darf, einzuschränken, um die personelle Konzentration z. B. auch in Verbindung mit Bankenbeteiligungen wirksam zu vermindern. Das Recht der freien Aktionäre und der Minderheitsanteilseigner sollte gestärkt und ihre angemessene Vertretung im Aufsichtsrat gesichert werden. Das Recht der GmbH verdient in diesem Zusammenhang ebenfalls Aufmerksamkeit. Die GmbH war historisch für wenige, untereinander und mit dem Unternehmen verbundene Personen gedacht, aber immer mehr wurde sie von Aktiengesellschaften zur Spitze umfassender Konzerngebilde gemacht.

Das alles wären zwar kleine, insgesamt aber nicht unbedeutende Bausteine, durch die der Gesetzgeber der weiteren Zunahme der Konzentration entgegenwirken, den Wettbewerb stärken und unsere marktwirtschaftliche Grundordnung festigen könnte. Mit zunehmender Konzentration wird der Gesetzgeber immer mehr gefordert. Damit dieser seine Aufgaben im Interesse des Gemeinwohls erfüllen kann, muß auch über die legitimen Aufgaben der Wirtschaftsverbände nachgedacht werden. Ausnahmebereiche und Ausnahmemöglichkeiten vom Kartellverbot verdanken ihre Existenz dem massiven Einsatz von Verbänden im Gesetzgebungsverfahren. Auch die Weiterentwicklung des Wettbewerbsrechts wird von ihnen maßgebend gesteuert. Ihr Einfluß sollte im Interesse der weiteren Entwicklung der wettbewerblichen Ordnung reduziert werden.

Die Macht der Verbände

3.3 Umweltschutz in der Marktwirtschaft

Im ersten Hauptabschnitt haben wir dargelegt, daß die Entscheidung für die marktwirtschaftliche Ordnung auf der sowohl durch Ergebnisse der ökonomischen Wissenschaften als auch durch praktische Erfahrung begründeten Überzeugung beruht, nur ein funktionsfähiges Wettbewerbssystem sei in der Lage, die gesamtwirtschaftlich beste Verwendung der Produktionsfaktoren herbeizuführen. Gegen diese Ansicht wird argumentiert oder zumindest einschränkend vorgebracht, wer aber prüfe, was durch industrielle Entwicklung und Ausbreitung von Marktwirtschaften der Umwelt widerfahren sei, der müsse doch erkennen, daß Umweltschutz durch zügelloses Profitstreben und Wettbewerb geradezu verhindert werde. Heilung dürfe nicht vom Wettbewerb erwartet werden. Wir haben uns also mit der Frage auseinanderzusetzen, wie nach Ansicht von Vertretern der marktwirtschaftlichen Lehre die Umweltprobleme gelöst werden könnten und ob vom Preismechanismus hierfür etwas Positives erwartet werden darf.

Umweltschutz ist ein Sammelbegriff für die Reinhaltung der Luft, des Grundwassers, der Flüsse, Seen und Meere, Schutz der Böden, Beseitigung der Verunreinigungen in Lebensmitteln und Minderung des Lärms. Seine Komponenten sind somit Landschaftsplanung, Standortfragen, Naturschutz, Abfallwirtschaft, Umwelttechniken und Ökologie sowie Ökonomie der Umwelt. Weder können in diesem Zusammenhang die Sektoren des Umweltschutzes, noch ausgewählte Politikbereiche abgehandelt werden. Hier kann nur in abstrakter Form auf einige ordnungspolitische Probleme aufmerksam gemacht und zu weiterem Studium angeregt werden.

Umweltpolitik gegen Wettbewerbswirtschaft?

Umweltpolitik nutzt als Instrumente zur Realisierung ihrer Ziele Gebote und Verbote sowie Genehmigungsverfahren, verkündet Belastungs- und Immissionsmaxima, erhebt Abgaben und Gebühren, beschließt Emissionsnormen und fordert die Kostenübernahme für die Schadstoffbeseitigung vom Schädiger.

Mit Emissionsnormen wird die höchstzulässige Schadstoffabgabe festgesetzt. Verfahrens- und Produktionsnormen, technische Vorschriften und Standards anderer Art haben zwar den Nachteil, daß sie keinen Anreiz auslösen, mehr für die Umwelt zu tun, als was dem Limit entspricht, aber sie sind notwendig, wenn es auf rasche Wirkung ankommt. Auf das polizeirechtlich konzipierte Instrumentarium der Auflagen, Ge- und Verbote wird die Umweltpolitik auch in Zukunft nicht verzichten können. Wenn diese Regeln wettbewerbsneutral gehandhabt werden, sind sie für das marktwirtschaftliche Ordnungssystem unschädlich und so lange erforderlich, als nicht bessere Lösungen vorhanden sind. Diese aber gibt es. Die Ansätze seien im folgenden in kurzen Umrissen skizziert.

Was die Umwelt in vielfacher Form Produzenten und Konsumenten zur Verfügung stellt, hatte bisher

Marktwirtschaftliche Umweltpolitik

jedenfalls keinen Markt und keinen Preis. Ein Preis von Null aber bedeutet ungestrafte Verschwendung dieser allgemeinen, also öffentlichen Güter. Wer freiwillig einen Beitrag zum Umweltschutz leistet, z. B. durch Bau von Kläranlagen oder Verwendung zusätzlicher Filter, hat höhere Kosten als derjenige, der dies nicht tut. Er wird also praktisch bestraft und hat im Wettbewerb Nachteile. Mit Vorschriften, die für alle in gleicher Weise gelten, kommt man den Problemen in gewisser Weise bei. Marktwirtschaftliche Umweltpolitik begnügt sich jedoch nicht, an den Symptomen zu kurieren. Sie spannt die Marktmechanismen für ihre Ziele ein, indem sie Umwelt als knappes Gut behandelt, für das ein an der Knappheit orientierter Preis zu zahlen ist.

Umwelt wird für konkurrierende Verwendungen genutzt. Sie ist öffentliches Konsumgut und zugleich Aufnahmemedium für Schadstoffe, die durch Konsum und Produktion entstehen. Bei der Aufnahme von Schadstoffen wird die Umwelt überfordert. Die Beschädigung der Umwelt verursacht zusätzliche Kosten, die auf die Allgemeinheit abgewälzt werden (soziale Zusatzkosten). Die Instrumente, die zur Beseitigung dieser Zusatzkosten eingesetzt werden, sollen dazu dienen, daß diese Kosten möglichst vollständig in die Kostenrechnung des Verursachers eingehen. Die Zurechnung der Umweltschäden zu den Produktionskosten oder Verbraucherpreisen würde Kaufkraft von den teueren, die Umwelt belastenden Waren abziehen und zu den umweltschonenden lenken. Damit wäre grundsätzlich der Markt das Steuerungsinstrument.

Das Verursacherprinzip

Die Anwendung des Verursacherprinzips hat jedoch mehrere Grenzen:

a) Die Exaktheit der Zurechnung nach dem Verursacherprinzip ist sehr unterschiedlich. Sie kann in manchen Bereichen sehr gering oder unmöglich sein.

b) Die durch Zurechnung nach dem Verursacherprinzip ausgelösten Verschiebungen der Preisrelationen und Veränderungen der Nachfrage sind möglicherweise politisch nicht tragbar. Es könnte sich die Wettbewerbsfähigkeit mancher Unternehmensgruppen so verringern, daß Arbeitsplätze gefährdet wären.

Aus solchen Gründen bevorzugt der Gesetzgeber den Einsatz der Besteuerung und Gebühren als umweltpolitisches Instrument. Die sozialen Kosten werden zunächst über die öffentlichen Haushalte abgegolten und im Steuersystem weitergegeben, teilweise an die Verursacher, teilweise an die Allgemeinheit generell, wenn z. B. bei Schäden aus der Vergangenheit die Verursacher nicht mehr festgestellt oder nicht mehr belastet werden können. Trotzdem bleibt wünschenswert, daß Umweltsteuern möglichst genau dem Verursacherprinzip entsprechen, also an umweltpolitisch relevante Tatbestände anknüpfen. Auch bei Anwendungen des Steuerinstruments sind Preisverschiebungen mit mehr oder weniger starken Substitutionswirkungen die Folge. Zusätzlich positiv würde sich die Entstehung von Anreizen, wenn nicht sogar von Zwang, auswirken, durch umweltschonende technische Verfahrens- und Produktionsänderungen die Steuerlast zu vermindern oder ganz zu beseitigen.

Gebühren und Abgaben lassen sich noch genauer an den jeweils erwarteten volkswirtschaftlichen Kosten der einzelnen Umweltbelastungen ausrichten. Es werden Daten für die Kostenrechnung der einzelwirtschaftlichen Produktion und auch für den individuellen Konsum gesetzt. Der Staat hat das Recht und die Pflicht, die Beanspruchung knapper Umweltgüter gebührenpflichtig zu machen. Die Gebühreneinnahmen wären für die Beseitigung der Umweltschäden zu verwenden. Die Ermittlung der tatsächlichen Kosten der Behebung der Umweltschäden mag in vielen Fällen unmöglich sein. Das wäre der Fall, wenn die Sanierung der Umwelt überhaupt nicht oder nur mit einem viel umfangreicheren Aufwand möglich wäre, als der Verursacher zu vertreten hat, oder wenn die Schadensverursachung so komplex ist, daß sie nicht genau genug den vielen Verursachern zugerechnet werden kann. Prinzipiell wäre es aber unschädlich, wenn der Staat entsprechend der höchsten Gefährdung die Gebühren zu hoch angesetzt hätte, wenn er den Nachweis für umweltschonendes Verhalten zuläßt und dann die Gebühren in entsprechender Höhe zurückerstattet. Die Beweislastverteilung wäre durchaus wettbewerbskonform.

Märkte für Umwelt-nutzungs-rechte ...

Diskutiert werden auch Modelle mit Umweltnutzungslizenzen. Der Staat ermittelt die Belastungsgrenzen nach Schadstoffart und Region und legt den ökologischen Rahmen fest. Für die Entscheidung, wer, wo, was und wieviel emitieren darf, schafft er einen Markt. Er kann gleichsam meistbietend die nur begrenzt vorhandenen Nutzungsrechte versteigern oder er kann Preise festsetzen, und jedem, der diese Preise zahlt, die Rechte verkaufen. Durch fixe Preise für die Unweltnutzung (Umweltabgaben) könnte erreicht werden, daß immer dann die umweltschonendere Technik eingesetzt wird, wenn sie billiger ist als die Lizenz. Ein gravierender Nachteil ist die in manchen Wirtschaftszweigen problemlose Weiterwälzung der Abgaben über den Preis an die Verbraucher.

... durch Emissions-zertifikate

Im anderen Modell fixiert der Staat nicht die Preise, sondern bestimmt nur quantitative Grenzen für die Immission. Er legt also die Emission nach Art und Region insgesamt fest und verkauft das Emissionskontingent, als Zertifikate gestückelt, an jedermann, der eine Genehmigung für einen schadstoffemittierenden Betrieb benötigt. Die Emissionskontingente müßten von Zeit zu Zeit überprüft, also reduziert werden. Der Preis für die Emissionszertifikate würde steigen. Auch nach diesem Modell würden die Kosten darüber entscheiden, welche Produktionsmethoden gewählt werden. Zertifikate entsprechen dem ökologisch orientierten Marktmodell am besten. Wirtschaft wie Verbraucher müssen allerdings darauf vertrauen, daß der Staat dieses Instrument nicht strapaziert. Die Wettbewerbsfähigkeit der Unternehmen gegen ausländische Anbieter und im internationalen Bereich wäre das Korrektiv.

Die Vorteile dieses Modells sind unbestreitbar:

a) Durch die Schaffung von Märkten für Umweltnutzungsrechte käme das Konkurrenzprinzip zur Wirkung. Das private Gewinnerzielungsmotiv sollte vom Staat für seine Umweltpolitik stärker als bisher genutzt werden. Die einzelwirtschaftliche Dispositionsfreiheit und Verantwortung bliebe erhalten.
b) Entsprechend den sachlichen und räumlichen ökologischen Bedingungen könnte die Umweltpolitik in vielfacherweise sachlich differenziert werden.
c) Bei weiterer Zunahme der Umweltschäden könnten die Belastungsstandards schrittweise verschärft, die Zahl der Umweltlizenzen verringert und deren Preis erhöht werden.

Die Schwächen des Lizenzsystems sollen ebenfalls nicht verschwiegen werden. Zur Zeit sind noch nicht alle Voraussetzungen für seine Funktionsfähigkeit gegeben. Die einzelnen Regionen und ihre unterschiedliche Belastbarkeit, differenziert nach Schadstoffen in quantitativer und qualitativer Weise, sind noch nicht genau genug erfaßt und abgegrenzt.

Die bereits in einem Gebiet ansässigen Unternehmen dürften jedenfalls nicht auf Dauer gegenüber der potentiellen zukünftigen Konkurrenz bevorzugt werden. Schließlich wäre die Hortung von Umweltnutzungslizenzen zu verhindern.

Der Sachverständigenrat für Umweltfragen hat immer wieder auf die ordnungspolitische Problematik hingewiesen, wenn Marktpreise als Steuerungsinstrument zunehmend durch staatliche Befehle ersetzt werden. Staatliche Befehle sollten nach unserer wirtschaftspolitischen Ordnungskonzeption nur in jenen Fällen ergehen, in denen dem Umweltschutz absolute Priorität eingeräumt werden muß und wenn kurzfristig keine anderen Möglichkeiten der Abhilfe bestehen (Umweltgutachten 1974).

3.4 Marktwirtschaft und Ethik

Wirtschaftsdarwinismus?

Wettbewerb sollte nicht der Antriebsmotor der Wirtschaft sein. Denn Wettbewerb sei blind, unvernünftig und brutal. Kampf um Reichtum, Beseitigung der Schwachen, Überleben der Starken und Großen auf Kosten der Kleineren, das sei Konkurrenz und deshalb abzulehnen. Das Konkurrenzprinzip entspräche dem wirtschaftlichen Darwinismus, also einem Menschenbild, das sein Verhaltensmuster aus der Tierpsychologie gewonnen habe. Solche Ansichten werden immer noch von Vertretern hoher ethischer Positionen geäußert. Am Ende dieses kleinen Buches soll gezeigt werden, daß dieses Bild vom wirtschaftlichen Wettbewerb nicht richtig ist.

Schutz des Leistungswettbewerbs

1. Das Kartellrecht selbst verbietet brutale Methoden: Den Boykott, die ungerechtfertigt unterschiedliche Behandlung, Liefer- oder Bezugssperren (Diskriminierung) und den Kartellzwang. Es enthält Möglichkeiten, Kartellen und marktbeherrschenden Unternehmen die Ausbeutung der Abnehmer, Lieferanten und Verbraucher zu untersagen und heimliche Absprachen, durch die private oder öffentliche Auftraggeber oder Verbraucher übervorteilt werden, zu bestrafen.

   Das Kartellgesetz sieht sogar vor, daß zur Steigerung des Leistungswettbewerbs Verbände und andere Wirtschaftsvereinigungen für ihren Bereich Wettbewerbsregeln aufstellen können. Wettbewerbsregeln sind Bestimmungen, durch die die Lauterkeit des Wettbewerbs und der Leistungswettbewerb gefördert werden.

Sicherung von Freiheitsrechten

2. Unser gesamtes Rechtssystem ist realisierte Ethik. Es ist nicht nur Gebot, also moralisches Postulat, das seine Rechtfertigung aus dem Zusammenleben der Menschen in Gemeinschaften erhält. Recht garantiert auch die moralische Befugnis der Person zu eigenem, freiem, selbstverantwortetem Handeln. Das Recht sichert soziale Ordnung und ist zugleich soziale Kontrolle. Wesentlicher Teil dieses Rechtssystems ist das Recht der Wirtschaft und damit auch das Wettbewerbsrecht.

Schutz gegen unerlaubten und unlauteren Wettbewerb

3. Wettbewerbshandlungen werden insbesondere mit den Maßstäben des Rechts gegen den unlauteren Wettbewerb (UWG) gemessen. Die vom Gesetz gegen Wettbewerbsbeschränkungen geschützte Freiheit der wirtschaftlichen Betätigung besteht nur insoweit, als solche Handlungen überhaupt erlaubt oder lauter sind. Die Rechtsprechung zum UWG hat über Jahrzehnte hin Maßstäbe zur Bekämpfung des unlauteren Wettbewerbs entwickelt. Die umfassende, große Generalklausel des § 1 UWG schafft einen Unterlassungs- und Schadensersatzanspruch gegen jemand, der im geschäftlichen Verkehr zu Wettbewerbszwecken Handlungen vornimmt, die gegen die guten Sitten verstoßen. Durch diese umfassende Generalklausel wird praktisch das gesamte Wirtschaftsrecht in den Lauterkeitsbereich einbezogen: Ein Wettbewerber verhält sich unlauter, wenn er sich durch Mißachtung oder Verletzung gesetzlicher oder vertraglicher Bindungen, die für alle Mitbewerber gelten, einen Wettbewerbsvorsprung verschafft. Er nützt die Gesetzestreue seiner Konkurrenten aus, die sich nur durch Rechtsbruch dagegen

wehren könnten. Das UWG nimmt mit dieser Klausel Bezug auf das gesamte Wirtschaftsrecht.

Schon Adam Smith ...

Vor diesem Hintergrund sollten Marktwirtschaft und Wettbewerb aus ethischen Gründen jedenfalls nicht mehr angezweifelt werden. Man muß sich nur hüten, die moralischen Forderungen an den Menschen zu überspannen. Aber gerade in einer demokratischen Gesellschaft und einer am Wettbewerbsprinzip ausgerichteten Wirtschaftsordnung wird es den Menschen leichter gemacht, nach ethischen Grundsätzen zu leben. Das wußte schon Adam Smith, der Vater der klassischen liberalen Wirtschaftstheorie (Wealth of Nations, 1776) der sich mit Theologie, Ethik, Jurisprudenz und Staatslehre noch intensiver beschäftigt hat als mit der Wirtschaftstheorie. Nur vor dem Hintergrund seiner langjährigen Studien in Ethik konnte er zu seiner Lehre vom Altruismus durch Egoismus kommen.

In meinen Ausführungen sollte auch deutlich werden, daß der Marktmechanismus durch Verbesserung der Rahmenbedingungen und durch Umlenkung von Einkommen ergänzungsbedürftig ist. Hier kommt aus Verantwortung für benachteiligte einzelne und Gruppen der sozialen Moral besondere Bedeutung zu. Aber gerade das Studium der Subventionen, sozialen Leistungen und Entschädigungen zeigt, daß diese Regulierungen besonders anfällig sind für Unkorrektheiten. In zentral regulierten Wirtschaften, wo wirtschaftlicher und sozialer Mangel herrscht, fällt es den Menschen viel schwerer, sich ethischen Normen entsprechend zu verhalten. Kollektive und bürokratische Lenkung können gar nicht die ungezählten täglichen Konflikte so human, geräuschlos und prinzipiell in friedlicher Weise lösen, wie dies in einer sozial geprägten Marktwirtschaft geschieht, zumal diese in einem funktionierenden demokratischen Staat immer auch auf dem Prüfstand steht.

4 Anhang

4.1 Untersagte Fusionsfälle (ohne Pressefälle)

Stand: 31.12.1988

I. Rücknahme der Untersagung durch das Bundeskartellamt

1. Bitumenverkaufsgesellschaft (29.5.74 B8 - 95/73) - nach Änderung, im Beschwerdeverfahren -
2. Mannesmann AG / Brüninghaus Hydraulik GmbH (18.5.77 - B7 - 86/76) - Erledigungserklärung nach Rückverweisung durch BGH -
3. Klöckner-Werke AG / Becorit Grubenausbau GmbH (15.12.78 B7 - 20/78) - Erledigungserklärung nach Rückverweisung durch BGH -
4. Deutsche Total GmbH / Mineralölhandel Speier (17.8.81 - B8 - 66/81)
5. Mobil Oil AG / Wilhelm Mertl (8.12.80 B8 - 128/80) - nach BGH-Entscheidung Texaco/Zerssen - s. IIIb 4. -
6. Badenwerk AG / Energie- und Wasserwerke Rhein-Neckar AG - Gasversorgung - (13.5.85 B8 - 236/84)
7. Klöckner-Werke AG / Seitz Enzinger Noll Maschinenbau (10.10.84 B7 - 106/83) - nach Rücknahme des Antrages auf Ministererlaubnis -, Erledigungserklärung im anschl. Beschwerdeverfahren -
8. Philip Morris Inc. / Rothmans Tobacco Holdings Ltd. (1.: 25.2.82 B6 - 49/81) - Erledigungserklärung durch BGH-; (2.: 9.7.85 B6 - 71/85) Rücknahme der Untersagung -
9. Metro Vermögensverwaltung GmbH & Co. KG / Kaufhof AG (20.6.82 B9 - 2056/82) - nach Rückverweisung durch BGH -
10. Vereinigte Elektrizitätswerke Westfalen AG - BGE Beteiligungsges. für Energieunternehmen / Ruhrkohle AG)19.6.85 B8 - 31/85) - Antrag auf Ministererlaubnis abgelehnt-, Rücknahme der Untersagung

II. Unanfechtbar

a) ohne Rechtsmittel

1. Haindl / Holtzmann (4.2.74 B6 - 46/73)
2. Kaiser / Preussag Aluminium (23.12.74 B8 - 251/74) - nach Ablehnung des Antrages auf Ministererlaubnis -
3. Andreae-Noris Zahn / R. Holdermann (31.3.78 B8 - 170/77) - nach Rücknahme der Beschwerde -
4. AVEBE / KSH-Emslandstärke (3.5.78 B6 - 187/77) - durch einstweilige Anordnung -
5. Deutsche Uhrglasfabrik / Eurotech Mirrors International Ltd. (27.5.80 B7 - 163/79)
6. Süddeutsche Zucker AG / KWS Kleinwanzlebener Saatzucht AG (6.11.80 B6 - 116/79)
7. Stadtwerke Bremen AG / + Gasversorgung Wesermünde GmbH/Gasversorgung Schwanede GmbH (28.2.83 B8 - 183/82)
8. Co op AG / Supermagazin GmbH (23.3.82 B9 - 2002/82) - nach Rücknahme der Beschwerde; Rechtsbeschwerde der Beigeladenen zurückgewiesen
9. Siemens, Philips, AEG, SEL, kabelmetal / GfL Gesellschaft für Lichtwellenleiter mbH & Co. KG (8.6.84 B7 - 18/82)
10. Touristik Union International GmbH & Co. KG / Air-Conti Flugreisen GmbH & Co. KG (19.7.84 B6 - 89/83) - nach Rücknahme der Beschwerde -
11. Karstadt AG + Kaufhof AG / NUR-Touristik GmbH + ITS International Tourist Services Länderreisedienste GmbH (23.9.85 B6 - 26/85)
12. Linde AG / Agefko Kohlensäure-Industrie GmbH (13.12.85 B3 - 54/85)
13. Hüls AG / Condea Chemie GmbH (8.12.86 B3 - 58/86)

b) nach Beschwerde beim Kammergericht

1. Rheinstahl / Hüller (17.12.76 B7 - 36/76) - Teilerlaubnis des Ministers
2. RWE / Gesellschaft für Energiebeteiligung (16.9.77 B8 - 37/77)
3. Bayer AG / Röhm GmbH (23.1.80 B8 - 117/79) - Erledigung in der Hauptsache -
4. Lech-Elektrizitätswerke AG (9.3.76 B8 - 119/75) - Erledigungserklärung nach Rückverweisung durch BGH -

5. Rewe-Zentral-Handelsgesellschaft mbH/Florimex Verwaltungsgesellschaft mbH (30.1.81 B6 - 44/80)
6. A. Schaper Zentralverwaltung / Discounthaus zum »bösen Wolf«, Theodor Wolf GmbH & Co. KG (17.2.83 B9 - 2054/82)
7. Deutsche Lufthansa AG / f. i. r. s. t.-Reisebüro GmbH (14.8.81 B6 - 162/80) - nach Rücknahme der Rechtsbeschwerde -
8. Pillsbury Company / Sonnen-Bassermann-Werke Sieburg & Pförtner GmbH & Co. KG (26.3.85 B2 - 146/84)

c) nach Rechtsbeschwerde beim Bundesgerichtshof

1. GKN / Sachs (12.5.76 B7 - 67/75) + Rücknahme des Antrages auf Ministererlaubnis
2. Alsen-Breitenburg / Zementwerk Klöckner-Werke AG (22.12.76 B7 - 24/76)
3. VPM Rheinmetall Plastikmaschinen GmbH / Württembergische Metallwarenfabrik (4.3.81 B7 - 35/80)
4. Deutag-Mischwerke GmbH & Co. KG / Oberbergische Asphaltmischwerke GmbH & Co. KG (21.2.83 B1 - 34 / 82)

III. Unanfechtbare Aufhebung der Untersagung

a) durch das Kammergericht

1. Johnson / Hahn (18.11.74 B8 - 259/74)
2. RWE / Stadt Leverkusen (30.6.78 B8 - 78/77)
3. Bayer AG / Firestone France S. A. (23.9.80 B8 - 45/80)
4. Hastra Hannover-Braunschweigische Stromversorgungs AG / Stadt Wolfenbüttel GmbH (29.7.80 B8 - 132/79)
5. Teerbau / Makadam (24.5.78 B6 - 108/77) - nach Rückverweisung durch BGH -
6. Deutscher Transportbeton Vertrieb GmbH, Ratingen / Transportbeton-Vertrieb Sauerland GmbH (21.9.78 B6 - 184/77)
7. Deutscher Transportbeton Vertrieb GmbH, Ratingen/ Verkaufsbüro Siegerländer Transportbeton GmbH & Co. KG (21.9.78 B6 - 172/77)
8. Maschinenfabrik Buckau R. Wolf AG / Total-Kidde Gaslöschanlagen (31.3.81 B7 - 92/80)

9. Thüringer Gas AG/Stadtwerke Westerland (9.9.83 B8 - 79/83)
10. Energie-Versorgung Schwaben AG/Technische Werke der Stadt Stuttgart AG (23.3.84 B8 91/83)
11. Co op AG/H. Wandmaker GmbH (14.8.84 B9 - 2006/84)

b) durch den Bundesgerichtshof

1. Tonolli International B.V. / Blei- und Silberhütte Braubach GmbH (30.3.79 B8 - 137/78)
2. Braun Melsungen AG / Almo-Erzeugnisse Erwin Busch GmbH (24.6.80 B8 - 45/79)
3. Vereinigte Elektrizitätswerke Westfalen AG / Gelsenwasser AG (5.12.80 B8 - 136/80)
4. Deutsche Texaco AG / Zerssen & Co. (28.10.80 B8 - 50/80)
5. Hussel Holding AG / Mara kosmetik Parfümerie- und Drogerie GmbH (29.6.81 B8 - 159/80)
6. Co op Schleswig-Holstein e. G./Deutscher Supermarkt Handels-GmbH (23.8.83 B9 - 2037/82)

c) durch Ministererlaubnis

1. Veba / Gelsenberg (7.1.74 B8 - 33/73)
2. Babcock / Artos (25.2.76 B7 - 127/75)
3. BP / Veba (27.9.78 B8 - 92/78) - Erlaubnis mit Auflagen -
4. IBH Holding / Wibau Maschinenfabrik Hartmann AG (3.7.81 B7 - 44/80)

IV. Rechtsmittel eingelegt

a) beim Kammergericht

1. Heidelberger Zement AG / Malik Baustoffe GmbH & Co. KG (27.7.88 B1 - 107/87)
2. Messer Griesheim GmbH / Buse Gase GmbH (2.8.88 B3 - 35/88)
3. Wieland Werke KG / Langenberg Kupfer - und Messingwerke KG (18.8.88 B5 - 92/88)

b) beim Bundesgerichtshof

1. Kampffmeyer Mühlen GmbH / Georg Plange GmbH & Co. KG (8.11.85 B2 - 10/85)

4.2 Untersagte Pressefusionsfälle

Stand: 31.12.1988

I. Unanfechtbar

a) ohne Rechtsmittel

1. Bertelsmann / Deutscher Verkehrsverlag (22.2.78 B6 - 75/77) - nach Rücknahme der Beschwerde
2. Burda GmbH / Axel Springer Gesellschaft für Publizistik KG (23.10.81 B6 - 47/81) - nach Rücknahme der Beschwerde und des Antrages auf Ministererlaubnis
3. Nordwest-Zeitung Druck- und Pressehaus GmbH / Ammerland-Echo Verlags GmbH & Co. KG (1.9.81 B6 - 8/81) - nach Rücknahme der Beschwerde
4. Darmstädter Echo Verlag und Druckerei GmbH / Südhessische Post GmbH (12.5.86 B6 - 16/85) nach Rücknahme der Beschwerde
5. Hamburger Wochenblatt Verlag GmbH / Schlei Verlag GmbH (14.1.87 B6 - 108/86)

b) nach Beschwerde beim Kammergericht

1. Weiss - Druck + Verlag GmbH / S-W Verlag GmbH (16.12.85 B6 - 71/84)

c) nach Rechtsbeschwerde beim Bundesgerichtshof

1. Bergedorfer Buchdruckerei / Elbe-Wochenblatt (18.1.78 B6 - 62/77)
2. Springer Verlag/Münchener Zeitungsverlag (6.7.78 B6 - 88/76)
3. Münchener Wochenblatt Verlags- und Werbegesellschaft mbH / 3 Münchener Anzeigenblätter (22.11.79 B6 - 12/79)
4. Ullstein GmbH / Verlag Haupt & Koska GmbH & Co. KG (23.10.80 B6 - 125/79) - ohne Anmeldung bzw. Anzeige
5. Süddeutscher Verlag GmbH / Donau-Kurier Verlagsgesellschaft A. Ganghofer'sche Buchhandlung, Courier Druckhaus KG (24.10.83 B6 - 7/83)
6. Panorama Anzeigenblatt GmbH + Rhein-Erft GmbH / Anzeigenblätter (22.12.83 B6 - 96/82)
7. Gruner + Jahr AG & Co. / Zeitverlag Bucerius AG (9.1.81 B6 - 95/80)
8. Südkurier GmbH / Singener Wochenblatt GmbH + Co KG (3.5.84 B6 - 96/82)

II. Unanfechtbare Aufhebung der Untersagung

a) durch das Kammergericht

1. Verlagsgruppe Georg v. Holtzbrinck GmbH / Rowohlt Verlag GmbH (19.10.81 B6 - 76/81)

b) durch den Bundesgerichtshof

–

c) durch Ministererlaubnis

–

III. Rechtsmittel eingelegt

a) beim Kammergericht

1. Westdeutsche Allgemeine Zeitungsverlagsgesellschaft GmbH & Co. KG / Borbecker Nachrichten + Werdener Nachrichten Wilhelm Wimmer GmbH & Co. KG (19.5.87 B6 - 88/86)
2. Lübecker Nachrichten GmbH / Stormarner Tageblatt Verlag und Druckerei J. Schütte GmbH & Co. (18.2.88 B6 - 24/87)
3. Flensburger Zeitungsverlag GmbH / Schleswig-Holsteinische Landeszeitung Heinz Möller KG (20.5.88 B6 - 30/87)

b) beim Bundesgerichtshof

3. Axel Springer Verlag AG + Axel Springer Gesellschaft für Publizistik GmbH & Co. KG / Kieler Zeitung, Verlags-und Druckerei KG - GmbH & Co. (29.4.87 B6 - 111/87) ohne Anmeldung bzw. Anzeige -

4.3 Die größten Konzerne in der Bundesrepublik

4.3.1 Die 25 größten deutschen Industrie-Unternehmen

Rang 1986	Rang 1985	Firma	Branche	Umsatz in Mill. Mark
1	3	Daimler-Benz	Auto	65 498
2	2	Volkswagen	Auto	52 794
3	1	Siemens	Elektro	47 023
4	5	BASF	Chemie	43 083
5	6	Bayer	Chemie	40 749
6	4	Veba	Energie/Öl/Chemie	40 138
7	7	Hoechst	Chemie	38 014
8	8	Thyssen	Stahl/Maschinenbau	31 997
9	9	RWE	Energie	28 789
10	13	Bosch	Elektro	21 719
11	12	Ruhrkohle	Bergbau	20 923
12	10	Deutsche Shell	Mineralöl	17 623
13	18	BMW	Auto	17 515
14	17	Mannesmann	Röhren/Maschinen	17 234
15	21	Ford	Auto	16 682
16	16	Fried. Krupp	Stahl/Anlagen	15 847
17	11	Esso	Mineralöl	15 347
18	20	Metallgesellschaft	NE-Metalle/Anlagen	14 900
19	19	Adam Opel	Auto	14 838
20	24	MAN (vorm. GHH)	Maschinen	14 077
21	14	Veba Oel	Mineralöl	14 070
22	15	Deutsche BP	Mineralöl	13 683
23	22	IBM Deutschland	Elektronik	12 023
24	30	AEG	Elektro	11 220
25	27	Degussa	Chemie/Metalle	10 872

Quelle: Capital 10/87

4.3.2 Die 25 Größten im Handel

Rang 1986	1985	Firma	Branche	Umsatz in Mill. Mark
1	1	Selex und Tania	Lebensmittel	24 591
2	4	Albrecht	Lebensmittel	17 100*
3	2	Thyssen Handelsunion	Stahl	15 463
4	3	Ruhrgas	Gas	13 747
5	12	Rewe Leibbrand	Lebensmittel	11 992
6	7	Stinnes	Brennstoffe	11 439
7	11	Tengelmann	Lebensmittel	11 346
8	9	Edeka-Zentrale	Lebensmittel	11 237
9	13	Karstadt	Warenhaus	11 135
10	6	Klöckner & Co.	Stahl/Ind.-Anlagen	11 047
11	14	Otto-Versand	Versand	10 926
12	8	Franz Haniel	Holding	10 417
13	5	Aral	Mineralöl	10 352
14	15	Co op	Lebensmittel	10 080
15	18	Schickedanz/Quelle	Versand	8 888
16	10	Toepfer International	Getreide/Futtermittel	8 728
17	19	Kaufhof	Warenhaus	8 230
18	20	Gedelfi	Lebensmittel	8 022
19	17	Metro	Lebensmittel	7 700*
20	16	Raab Karcher	Brenn-/Baustoffe	7 284
21	21	C & A Brenninkmeyer	Textil	6 300
22	23	Rheinbraun-Verkaufsgesellsch.	Kohle	5 092
23	24	Baywa	Landw. Bedarfsartikel	5 074
24	25	Hertie	Warenhaus	4 922
25	28	Kaufring	Warenhaus	4 690

Quelle: Capital 10/87

4.3.3 Die 25 Größten im Dienstleistungsbereich

Rang 1986	1985	Firma	Branche	Umsatz in Mill. Mark
1	3	Deutsche Bundespost		49 641
2	2	Deutsche Bundesbahn		17 481
3	3	Deutsche Lufthansa	Luftverkehr	9 177
4	4	Bertelsmann	Verlag	7 602
5	5	Schenker	Transport	6 344
6	6	Kühne & Nagel	Transport	4 535
7	7	Hapag-Lloyd	Reederei	3 479
8	10	Touristik Union International	Reisen	2 840
9	11	Springer	Verlag	2 660
10	13	Deutsches Reisebüro	Reisen	2 508
11	8	Stadtwerke München	Versorgung	2 475
12	12	Gruner + Jahr	Verlag	2 449
13	14	Heinrich Bauer	Verlag	2 076
14	15	Rhenus	Transport	2 063
15	16	Energieversorgung Weser-Ems	Energie	1 931
16	-	Neue Heimat	Bau	1 900
17	17	Stuttgarter VVG	Versorgung	1 808
18	20	Stadtwerke Köln	Versorgung	1 732
19	18	Schleswag	Energie	1 728
20	21	Techn. Werke d. Stadt Stuttgart	Versorgung	1 527
21	19	Deutsche Kraftverkehr	Transport	1 410
22	23	Holtzbrinck	Verlag	1 368
23	24	Hastra Hannover	Energie	1 359
24	25	Elektrizitäts-AG Mitteldeutschl.	Energie	1 349
25	-	Stadtwerke Düsseldorf	Versorgung	1 275

Quelle: Capital 10/87

4.3.4 Die 25 größten Kreditinstitute (Konzernbilanzsummme in Mrd. DM)

Rang	Institut	Bilanzsumme[1] 1987	1986	KA= Konzernabschluß EA= Einzelabschluß	Veränderung in %	Geschäftsstellen[1]	Mitarbeiter[2]	Institutsgruppe
1.	Deutsche Bank AG, Frankfurt-Düsseldorf	268 341	257 223	KA	4,3	1 165	43 951	privat
2.	Dresdner Bank AG, Frankfurt	206 938	196 820	KA	5,1	955	29 949	privat
3.	Commerzbank AG, Düsseldorf	161 731	140 150	KA	15,3	793	23 324	privat
4.	Westdeutsche Landesbank Girozentrale, Düsseldorf-Münster	152 504	148 189	KA	2,9	13	7 417	öffentlich-rechtl.
5.	Bayerische Vereinsbank AG, München	149 663	140 080	KA	6,8	404	12 497	privat
6.	DG Bank, Deutsche Genossenschaftsbank AG, Frankfurt	127 416	111 951	KA	13,8	8	3 451	genossenschaftl.
7.	Bayerische Landesbank Girozentrale, München	131 322	3)	KA		10	3233	öffentl.-rechtl.
8.	Bayerische Hypotheken- und Wechsel-Bank, München	126 284	120 366	KA	4,9	468	11 980	privat
9.	Nordeutsche Landesbank Girozentrale, Hannover-Braunschweig	102 068	96 513	KA	5,7	207	4 636	öffentlich-rechtl.
10.	Kreditanstalt für Wiederaufbau, Frankfurt	96 836	93 572	EA	3,5	1	905	öffentlich-rechtl.
11.	Hessische Landesbank Girozentrale, Frankfurt	74 424	70 516	KA	5,5	6	2 802	öffentlich-rechtl.
12.	Deutsche Pfandbriefanstalt, Wiesbaden-Berlin	68 621	68 423	KA	0,2	8	806	öffentlich-rechtl.
13.	Bank für Gemeinwirtschaft AG, Frankfurt	59 302	59 885	KA	-1,0	256	7 773	privat
14.	Deutsche Siedlungs- und Landesrentenbank, Bonn-Berlin	43 578	40 531	EA	7,5	8	791	öffentlich-rechtl.
15.	Landesbank Stuttgart, Girozentrale, Stuttgart	41 670	36 201	EA	15,1	2	1 066	öffentlich-rechtl.
16.	Landeskreditbank Baden-Württemberg, Karlsruhe	40 611	36 903	EA	10,0	2	1 066	öffentlich-rechtl.
17.	Hamburgische Landesbank Girozentrale, Hamburg	40 455	36 458	EA	11,0	4	1 126	öffentlich-rechtl.
18.	Landesbank Rheinland-Pfalz Girozentrale, Mainz	41 834	40 452	KA	3,4	4	1 447	öffentlich-rechtl.
19.	Deutsche Girozentrale – Deutsche Kommunalbank, Frankfurt	38 409	36 480	EA	5,3	3	340	öffentlich-rechtl.
20.	RHEINHYP Rheinische Hypothekenbank AG, Frankfurt	36 431	33 811	EA	7,8	11	543	privat
21.	Wohnungsbauförderungsanstalt des Landes NRW, Düsseldorf	33 754	33 537	EA	0,7	1	170	öffentlich-rechtl.
22.	Deutsche Genossenschafts-Hypothekenbank AG, Hamburg-Berlin	33 215	32 702	EA	1,6	15	614	genossenschaftl.
23.	Landesbank Schleswig-Holstein Girozentrale, Kiel	32 372	30 170	EA	7,3	4	1 516	öffentlich-rechtl.
24.	Berliner Bank AG, Berlin	30 681	28 142	KA	9,0	90	3 361	privat
25.	Berliner Handels- und Frankfurter Bank, Frankfurt	30 580	27 521	KA	11,1	17	2 425	privat

Quelle: Das Bankwesen in Deutschland, 16., überarbeitete Ausgabe 1989

5 Literaturverzeichnis

Zu Kapitel 1:
Wettbewerb und Marktwirtschaft

Böhm, Franz
Die Ordnung der Wirtschaft als geschichtliche Aufgabe und rechtsschöpferische Leistung. Stuttgart und Berlin 1937

Erhard, Ludwig
Wohlstand für alle. Düsseldorf 1957

ders.
Deutsche Wirtschaftspolitik. Der Weg der sozialen Marktwirtschaft. Reden und Aufsätze. Düsseldorf 1962

Eucken, Walter
Die Grundsätze der Wirtschaftspolitik. 3. Aufl. Tübingen, Zürich 1960

Von Hayek, F. A.
Der Sinn des Wettbewerbs. In: Individualismus und wirtschaftliche Ordnung. Erlenbach-Zürich 1952

ders.
Der Wettbewerb als Entdeckungsverfahren. Kiel 1968

Heuss, Ernst
Allgemeine Markttheorie. Tübingen, Zürich 1965

ders.
Wettbewerb. In: Handbuch der Wirtschaftswissenschaften, Band 8. Stuttgart, Tübingen, Göttingen 1980

Kantzenbach, E.
Die Funktionsfähigkeit des Wettbewerbs. 2. Aufl. Göttingen 1967

Miksch, Leonhard
Wettbewerb als Aufgabe. Stuttgart, Berlin, Godesberg 1937, 2. Aufl. 1947

Müller-Armack, A.
Wirtschaftslenkung und Marktwirtschaft. Hamburg 1948

ders.
Soziale Marktwirtschaft. In: Handwörterbuch der Sozialwissenschaften, Band 9. Stuttgart, Tübingen, Göttingen 1956

Röpke, Wilhelm
Die Ordnung der Wirtschaft. Frankfurt/M. 1948

Zu Kapitel 2: Das Gesetz gegen Wettbewerbsbeschränkungen (GWB)

Amtliche Veröffentlichungen

Die Tätigkeitsberichte des Bundeskartellamtes 1958 bis 1978 sind jährlich, ab 1979/80 jedes zweite Jahr als Bundestagsdrucksache im Verlag. Dr. Hans Heger, Postfach 200821, 5300 Bonn 2, erschienen.

Die Hauptgutachten der Monopolkommission (bisher sieben) erscheinen seit 1976 jedes zweite Jahr. Sie sind, wie auch die Sondergutachten zu Musterfällen und Einzelproblemen, vom Nomos-Verlag, Baden-Baden, herausgebracht worden.

GWB-Kommentare

Canenbley/Mossecker
Fusionskontrolle. Handbuch für die Praxis. Köln 1982

Kaufmann/Rautmann/Strickrodt
Kommentar zum Gesetz gegen Wettbewerbsbeschränkungen (Frankfurter Kommentar). Köln 1958 ff. (in Lieferungen)

Kleinmann/Bechtold
Kommentar zur Fusionskontrolle nach deutschem und EWG-Kartellrecht. Heidelberg 1977

Langen/Niederleithinger/Ritter/Schmidt
Kommentar zum Kartellgesetz (mit EWG-Recht). Neuwied 1982. Nachtrag Rechtsquellen EWG-Kartellrecht 1985

Müller/Giessler/Scholz
Kommentar zum Gesetz gegen Wettbewerbsbeschränkungen (Kartellgesetz). Frankfurt 1981

Müller-Henneberg/Schwartz
Gesetz gegen Wettbewerbsbeschränkungen und Europäisches Kartellrecht (Gemeinschaftskommentar). Frankfurt 1981

Monographien

Bartling, Hartwig
Leitbilder der Wettbewerbspolitik. München 1980

Berg, Hartmut
Wettbewerbspolitik. München 1981

Borchert, M. /Grossekettler H.
Preis- und Wettbewerbstheorie. Stuttgart u. a. 1985

Hoppmann, Erich
Marktmacht und Wettbewerb. Beurteilungskriterien und Lösungsmöglichkeiten. Tübingen 1977

Kartte, Wolfgang
Ein neues Leitbild für die Wettbewerbspolitik. Köln 1969

Kaufer, Erich
Industrieökonomik. Eine Einführung in die Wettbewerbstheorie. München 1980

Lenel, Hans-Otto
Ursachen der Konzentration unter besonderer Berücksichtigung der deutschen Verhältnisse. Tübingen 1968

Mestmäcker, Ernst-Joachim
Der verwaltete Wettbewerb. Tübingen 1984

Rittner, Fritz
Einführung in das Wettbewerbs- und Kartellrecht. Heidelberg 1985

Schmidt, Ingo
Wettbewerbstheorie und Wettbewerbspolitik. Eine Einführung. Stuttgart 1981

Willeke, Franz-Ulrich
Wettbewerbspolitik. Tübingen 1980

Zu Kapitel 3:
Das ordnungspolitische Defizit

Bericht der Bundesregierung über die Entwicklung der Finanzhilfen des Bundes und der Steuervergünstigungen für die Jahre 1985 bis 1988 (Elfter Subventionsbericht) = Bundestagsdrucksache 11/1338 vom 25.11.1987.

Gutachten des Rates von Sachverständigen für Umweltfragen (Umweltgutachten 1987) = Bundestagsdrucksache 11/1568 vom 21.12.1987.

Bonus, Holger
Marktwirtschaftliche Konzepte im Umweltschutz. Stuttgart 1984

Endres, A.
Umwelt- und Ressourcenökonomie. Darmstadt 1985

Frey, B. S.
Umweltökonomie. Göttingen 1972

Giersch, Herbert (Hrsg.)
Das Umweltproblem in ökonomischer Sicht. Tübingen 1974.

Issing, Otmar
Ökonomische Probleme der Umweltschutzpolitik. Berlin 1976

Paul, J.
Zur politischen Durchsetzungsfähigkeit einer ökologisch orientierten Marktwirtschaft. Frankfurt 1986

Siebert, H.
Ökonomische Theorie der Umwelt. Tübingen 1978

Wicke, L.
Umweltökonomie. München 1982

6 Stichwortverzeichnis

Weitere lieferbare Titel aus der D&M-Serie Heidelberger Wegweiser

Bücher und Buchhändler
Was man vom Einzelhandel mit Büchern wissen sollte. Von Erhardt Heinold. Unter Mitarbeit von Gernot Keuchen und Uwe Schultz. 330 S. DM 24,—.

Bücher und Büchermacher
Was man von Verlagen und Verlegern wissen sollte. Von Erhard Heinold. Unter Mitarbeit von Gernot Keuchen und Uwe Schultz. 329 S. DM 24,—.

Bewerbungen
Ein praktischer Ratgeber für die erfolgreiche Stellensuche. Von Dr. Claus Harmsen. 136 S. DM 12,80.

Die nichteheliche Lebensgemeinschaft
Rechte und Pflichten der Partner. Von Klaus Ehmann. 124 S. DM 12,80.

Schule
Was Eltern, Lehrer und Schüler über Rechte und Pflichten wissen sollten. Von Professor Dr. Werner Thieme. 140 S. DM 14,80.

Umweltschutz — Umweltpolitik
Gesetzliche Grundlagen — praktische Durchsetzung. Von Dr. Hans-Werner von Thaden. 200 S. DM 16,80.

Der Wald
Funktionen — Pflege — Gefährdung. Von Dr. Richard Schute. 178 S. DM 16,80.

Existenzgründung
Rechtsformwahl — Finanzierungshilfen — Rechtsvorschriften. Ein praktischer Ratgeber für alle, die sich selbständig machen wollen. Von Manfred Hofmann. 144 S. DM 9,80.

Aktien
Wertpapiergeschäfte in der Bundesrepublik Deutschland. Von Roland H. Heck und Dr. Armin Schoreit. 194 S. DM 16,80.

Marktwirtschaft
Kartelle, Konzentration, Kontrolle. Von Dr. Hans-Heinrich Barnikel. 158 S. DM 14,80.

Knigge im Amt
Vom Umgang mit Bürgern und Kollegen. Von Dr. Frieder Lauxmann. 71 S. DM 9,80.

Weitere lieferbare Titel aus der D&M-Serie Heidelberger Wegweiser

Mein Verein und ich
Ein Leitfaden für Mitglieder und Funktionäre.
Von Dr. Claus Harmsen. 154 S. DM 12,80.

Bürokommunikation
Wege zu Rationalisierung und Effizienz. Von Ulrich Esselborn und Dr. Albrecht Ziemer. 114 S. DM 12,80.

Massenmedien
Fakten — Formen — Funktionen. Von Walther von La Roche und Dr. Ludwig Maaßen. 120 S. DM 9,80.

Die Zeitung
Daten — Deutungen — Portärts.
Von Dr. Ludwig Maaßen. 144 S. DM 9,80.

Die elektronischen Medien
Herausgegeben von Dr. Wolfgang Arnold. VIII, 256 S. DM 16,80.

Die neuen Medien
Herausgegeben Rolf Wißmann. 147 S. DM 12,80.

ABC der neuen Medien
Von Petru Dumitriu. 128 S. DM 9,80.

Die technische Revolution
Von Dr. Theo Lutz und Prof. Dr. Peter Atteslander. 220 S. DM 16,80.

Wie das Bild auf den Schirm kommt
Fernsehen heute und morgen. Herausgegeben von Dr. Albrecht Ziemer. 110 S. DM 9,80.

Personal-Computer
Die Informationstechnik und ihre Folgen. Herausgegeben von Prof. Dr. Dietmar Dietrich und Prof. Dr. Heinrich Metzendorf. 292 S. DM 18,80.

Profile großer Denker
Exemplarische Skizzen von Sokrates bis Bloch. Von Dr. Frieder Lauxmann. 116 S. DM 9,80.

Versicherungen in der Bundesrepublik Deutschland
Was sie sind und was sie leisten. Von Dr. Wieland Weiss. 153 S. DM 9,80.

Datenschutz
in der Bundesrepublik Deutschland.
Von Dr. Reinhard Riegel. 216 S. DM 16,80.